Yves Congar

Der Fall Lefebvre

Yves Congar

Der Fall Lefebvre

Schisma in der Kirche?

Mit einer Einführung
von Karl Lehmann

Herder Freiburg · Basel · Wien

Titel des französischen Originalwerkes:
La crise dans l'Eglise et Mgr. Lefebvre (Les Editions du Cerf, Paris)

DEUTSCHE ÜBERTRAGUNG VON ELISABETH DARLAP

ZWEITE AUFLAGE

Imprimatur. – Freiburg im Breisgau, den 7. Dezember 1976
Der Generalvikar: Dr. Schlund
Freiburger Graphische Betriebe 1977
ISBN 3-451-17887-7

Inhalt

Einführung in die deutsche Ausgabe

Die katholische Kirche kennt in den mehr als zehn Jahren seit Abschluß des Zweiten Vatikanischen Konzils eine Reihe konfliktgeladener Ereignisse: Roms Eingreifen in das Pastoralkonzil und die Aktivitäten der Niederländischen Kirche, der Protest gegen die Enzyklika „Humanae vitae", der Streit um die Weihe von „in Ehe und Beruf bewährten Männern" zu Priestern (Römische Bischofssynode 1971), die Auseinandersetzung um einige theologische Ideen von Prof. Dr. Hans Küng. Aber kein Vorgang hat wohl eine so dramatische Krise hervorgerufen wie der „Fall Lefebvre": Der ehemalige Missionar und Alt-Erzbischof von Dakar (Senegal), Marcel Lefebvre, verweigert seine Zustimmung den vom Konzil ausgehenden Reformen, sogar den Konzilsbeschlüssen selbst und schließlich der Autorität des gegenwärtigen Papstes. Nachdem er am 29. Juni 1976 gegen ein ausdrückliches Verbot dreizehn junge Männer in seinem Seminar in Ecône (Wallis) zu Priestern weiht, werden ihm am 22. Juli 1976 alle gottesdienstlichen Handlungen untersagt („suspensio a divinis" laut CIC, can. 2373 § 1). Die Situation ist auf das äußerste gespannt, denn bei einer weiteren Verschärfung der Lage kann der Papst wohl nur noch mit einem Ausschluß aus der kirchlichen Gemeinschaft (Exkommunikation) drohen. Das Schisma wäre dann vollzogen, eine „Gegenkirche" bereits im Werden. Papst Paul VI., der heftig von Alt-Erzbischof Lefebvre angegriffen wird, hat eine fast beispiellose Geduld im Umgang mit Lefebvre bewiesen. Die Audienz vom 11. September 1976, in der Papst Paul VI. den leidenschaftlich kämpfenden Alt-Erzbischof empfing, führte offensichtlich zu einer leichten Entspannung, ohne freilich die anstehenden Probleme im Kern lösen zu können.

Die kritische Haltung von Alt-Erzbischof Lefebvre zu einzelnen Konzilsbeschlüssen (bes. Ökumenismus-Dekret, Erklärung über die Religionsfreiheit) war bekannt. Diese Distanzierung zu nicht wenigen Konzilsaussagen war, wie sich durch die soeben veröffentlichten Konzilsinterventionen Lefebvres[1] herausstellt, stärker, als bisher durchschnittlich angenommen worden ist. Seitdem die römische Kurie auf Anordnung des Papstes einzelne Maßnahmen gegen Lefebvres Aktivitäten unternahm (ab Frühjahr 1974), wurde er nicht nur immer mehr zu einem Kristallisationszentrum innerkirchlichen Widerstandes gegen die nachkonziliaren Reformen (vor allem die neue Meßordnung), sondern radikalisierte seine partielle Ablehnung einzelner Konzilsaussagen zu einem fast totalen Nein gegenüber dem Zweiten Vatikanischen Konzil. Die im Anhang dieses Buches dokumentierte „Glaubenserklärung" Lefebvres belegt dies ebenso wie die nun veröffentlichte Kommentierung seiner Konzilsinterventionen.

Alt-Erzbischof Marcel Lefebvre wurde zu einem Zeichen des Widerstandes gegen die päpstliche Autorität in der Kirche. „Progressive" Theologen, die er selbst völlig ablehnt, bekundeten ihm ob des gemeinsam zu ertragenden römischen „Legalismus" bei allen Differenzen eine gewisse Solidarität und Sympathie. Viele Katholiken, die durch Willkür und extreme Entwicklungen in der Gestaltung der nachkonziliaren Reformen verärgert und verunsichert waren, erblickten in dem ehemaligen Missionsbischof einen mutigen Sprecher gegen eine – wie man glaubt – zu wenig wachsame und schlaffe Führung in der Kirche. Die Massenmedien haben in ihrer begreiflichen Suche nach „Neuigkeiten" den Aktivitäten von Alt-Erzbischof Lefebvre in fast allen Ländern eine übergroße Bedeutung zugemessen. Zusammen mit hartnäckigen Demonstrationen des Ungehorsams gegen die Bischöfe und den Papst von seiten Lefebvres führte diese Situation zu Auseinandersetzungen innerhalb der Kirche, die besonders durch eine hochaufgeladene Emotionalität und durch eine unnachgiebige Härte hervorstachen. Die Auseinandersetzungen als solche waren nicht neu, die eigentliche Gefahr erblickte man wohl darin, daß nun ein *Bischof* an ihrer Spitze stand.

Diese komplexe Situation macht es auch guten Kennern kirchlicher Verhältnisse nicht leicht, den „Fall Lefebvre" zuverlässig in seinen mannigfachen Ursprungselementen zu diagnostizieren[2]. So stellt das vorliegende Buch des bekannten französischen Dominikanertheologen Yves Congar auch für den deutschsprachigen Leser eine wertvolle Hilfe dar.

Yves Congar[3], seit Anfang der dreißiger Jahre in außerordentlicher Weise mit ekklesiologischen und ökumenischen Fragen vertraut, gehört wohl zu den Berufensten, denen ein klärendes Wort in diesem Streit gebührt. Aus seiner intimen Kenntnis der Geschichte des französischen Katholizismus vermag er mit wenigen Strichen geistige und gesellschaftlich-politische Hintergründe zu erschließen, die dem deutschsprachigen Leser gewöhnlich fremd sind, jedoch unabdingbar zum Verständnis des „Falles Lefebvre" gehören. Wie nur wenige hat er die Aussagen des Zweiten Vatikanischen Konzils mitgestaltet. Ihm wie allen großen Konzilstheologen ging es dabei nicht um das Durchsetzen persönlicher Lehrmeinungen, sondern um einen selbstlosen und nicht selten demütigen Dienst an der Wahrheit für ihre Kirche. Yves Congar hat in den nachkonziliaren Wirren mehr als einmal seine versöhnliche Stimme erhoben und sich zu der von ihm geliebten Kirche bekannt[4]. Mit diesem sicheren Zugriff behandelt Yves Congar in nüchterner und einfacher Sprache auch in diesem Buch die Hauptprobleme, um die es im „Fall Lefebvre" geht.

Aber noch weit mehr als hervorragende Sachkenntnis verdankt der Leser dem französischen Theologen. Vorbildlich sind Ton und Stil seines Buches. Er macht aus seinem Urteil keinen Hehl. Schonungslos deckt er unhaltbare Behauptungen und „verblüffende Einfältigkeiten" in der theologischen Argumentation auf. Dennoch bleibt das ganze Buch eine brüderliche Einladung und ein ehrliches Gesprächsangebot. Yves Congar weiß um Krisen der Kirche nach dem Konzil. Er ist bereit, selbstkritisch zu fragen, ohne auch nur für einen Augenblick die Treue dieses Konzils zur kirchlichen Überlieferung in Zweifel zu ziehen („Vielleicht waren wir zu optimistisch, als wir ungestüm nach vorne drängten. Vielleicht entsprachen bestimmte Dokumente schon nicht mehr der Wirklichkeit?"). Congar hat selbst über viele Jahre hinweg an seiner Kirche leiden müssen. Dieses Leiden hat ihn auch für die gegenwärtige Krise wissender und sehender gemacht. Nicht nur „die anderen" sind die Schuldigen, alle sind füreinander verantwortlich. Congar behält alle im Blick, die in diesem Drama eine Rolle spielen: den Papst, Alt-Erzbischof Lefebvre, die jungen Priester in Ecône, die verstörten und verunsicherten Gläubigen. Auch Yves Congar klagt über die mangelnde Kenntnis der Konzilstexte, über das historische Unwissen, über den Sektengeist und vor allem über die Härte der Auseinandersetzungen, die er wohl am meisten fürchtet. Mit verhaltener, aber spürbarer Leidenschaft steigert sich gegen Schluß des Buches die brüderliche Sprache, bittend und ermahnend zugleich. Es endet mit einem Fragezeichen. Wird man diese Stimme hören?

Man kann einwenden, dieses Buch sei vor allem für französische Leser geschrieben. Gewiß sind die Spannungen wegen des Falles Lefebvre in Frankreich größer. Aber zunächst bietet das Buch unverzichtbare Informationen über die Verwurzelung Lefebvres in bestimmten Traditionen des französischen Katholizismus. Hier ist besonders an die Nähe mancher Aussagen Lefebvres zu ähnlichem Ideengut der „Action française" und traditionalistischer Bewegungen (Cité

Catholique, Ordre nouveau, Verbe) zu erinnern[5]. Wer um diesen Kontext nicht weiß, verkennt das ganze Phänomen und seinen geschichtlichen Tiefgang.

Hinter der gelegentlich geäußerten Überzeugung, der „Fall Lefebvre" sei für den deutschsprachigen Raum, zumal die Bundesrepublik Deutschland, weniger gefährlich, scheint mir jedoch eine allzu eilfertige Überlegenheit zu stehen, die nicht selten pharisäische Züge annimmt. Zu einem ersten Zusammenstoß kam es, als Erzbischof Dr. Hermann Schäufele (Freiburg i. Br.) im Januar 1976 dem von Lefebvre im Gegensatz zu den geltenden kanonischen Vorschriften zum Priester geweihten Diakon Franz Schmidberger die Feier seiner Primiz in der Wallfahrtskirche in Birnau (Bodensee) untersagte. Die letzten Monate – vor allem das Auftreten Lefebvres in Friedrichshafen (Bodensee) am 24. Oktober 1976 – haben gezeigt, daß Lefebvre auch bei uns größere Ansammlungen von Menschen um sich scharen kann, die mit ihrer Kirche unzufrieden sind oder sich in ihr nicht mehr „zu Hause" fühlen. Hat man sich nicht auch bei uns zu oft auf den „Rechtsstandpunkt" zurückgezogen und zu spät die pastorale Not vieler Lefebvre-Sympathisanten erkannt? Denkt man nicht oft genug in fragwürdigen Kategorien, z. B., daß es sich ja um eine „verschwindende Minderheit" handle, daß der Preis eines Konzils oft in kleinen Absplitterungen bestehe usw.?

Die Kirche in der Bundesrepublik Deutschland (und ähnlich wohl z. T. in Österreich und in der Schweiz) war aus verschiedenen Gründen in der nachkonziliaren Situation nicht so sehr zerspalten wie in anderen Ländern. Die Deutsche Bischofskonferenz war –

was ihr von „progressiver" Seite wiederum vorgeworfen wird – in vielen Reformen zögernder und langsamer[6]. Die Gemeinsame Synode der Bistümer in der Bundesrepublik Deutschland konnte (ähnlich wie die übrigen mitteleuropäischen Synoden) die Polarisierungen bis zu einem gewissen Grad auffangen und erlangte – nicht zuletzt durch die Führung ihres Präsidenten Julius Kardinal Döpfner – eine relativ hohe Integrationskraft[7]. Außerdem haben die zahlreichen Akademien und Foren innerhalb und außerhalb der Kirche, auf denen die Krise nach dem Konzil offen zur Sprache kam, dazu beigetragen, daß die verschiedenen Flügel bei allen Auseinandersetzungen beisammen und im Gespräch blieben.

Aber die tatsächliche Lage zeigt, daß dies kein Grund für irgendeinen Dünkel ist. Die entscheidenden Probleme der nachkonziliaren Situation sind der ganzen Kirche und allen ihren Bereichen aufgegeben. Leidet ein Glied, so leidet der ganze Leib. Zwei Fragen, die freilich eng miteinander zusammenhängen, müssen dabei in nächster Zeit besonders im Vordergrund stehen. Einmal sollte man sich ausdrücklich und offen Rechenschaft darüber geben, warum man nach dem Konzil die Bedingungen einer gediegenen Erneuerung offensichtlich unterschätzt hat[8] und welche Erfahrungen sich für eine künftige Strategie der Reform in der Kirche ergeben. Dies reicht von der Verkennung sozialpsychologischer Faktoren (z.B. bei Einführung des neuen Heiligenkalenders) bis zur Frage, ob das liturgische Reformwerk (nicht nur der Messe, sondern vor allem auch der Sakramente!) mit ausreichender Information, pastoraler Klugheit und der nötigen Einübung zur Kenntnis gebracht und angewendet wurde. Neben diesem Problemkomplex muß man sich jedoch noch entschiedener den Sachfragen stellen[9], die durch den „Fall Lefebvre" ans Licht drängen. Es gibt viele Probleme, die vielleicht in den Köpfen von Experten (Theologen, gebildeten Laien und Bischöfen!) „klar" sein mögen, aber keineswegs im faktischen Bewußtsein vieler Kirchenmitglieder. Man denke nur an die Aussagen des Konzils zur „Religionsfreiheit" und vergegenwärtige sich den Unterschied zu den früheren Erklärungen des kirchlichen Lehramtes[10]. Hier ist offensichtlich trotz vieler Bemühungen in der Verkündigung und in der Erwachsenenbildung noch sehr viel unaufgearbeitet.

Die Reaktionen und Antworten des Alt-Erzbischofs, den das italienische Fernsehen schon einmal „Papst Marcello" nannte, sind zur Lösung dieser Probleme ungeeignet. Sein Wirken und sein Echo haben jedoch eine nicht zu leugnende Krise in der Verwirklichung der Konzilsbeschlüsse und in der gesamten nachkonziliaren Situation bewußter gemacht und ernster erscheinen lassen. Yves Congars Buch möchte dazu beitragen, daß diese Klagen brüderlich und offen gehört werden. Zugleich gibt es eine Leitlinie auch künftigen Verhaltens an: „Man muß also wachsam, darf aber nicht verschlossen sein."

Die deutsche Übersetzung hat versucht, die einfache Sprache und den pastoralen Grundton des Originals beizubehalten. Nach Möglichkeit wurden die Belege und Anmerkungen für den deutschen Leser umgestaltet. Viele Angaben, vor allem auch bibliographischer

Art, wurden ergänzt. Für diese Arbeit gebührt Herrn Wiss. Assistenten Albert Raffelt großer Dank. Yves Congar hat an etwa zehn Stellen Texteinschübe und einen neu formulierten *Nachtrag* für die deutsche Übersetzung zur Verfügung gestellt. Das Buch ist dadurch auf den neuesten Stand gebracht. Über die französische Ausgabe hinaus wurden hier die Dokumente Nr. 5–8 neu eingefügt, um dem deutschsprachigen Leser die wichtigsten Informationen zu vermitteln[11]. Buchstäblich in letzter Minute gelang es, den von Papst Paul VI. zur Veröffentlichung freigegebenen, für die ganze Angelegenheit sehr bedeutsamen Brief an Alt-Erzbischof Lefebvre vom 11. Oktober 1976 im vollen Wortlaut hier abzudrucken.

Das kleine Buch hätte auch in der deutschen Ausgabe seine Funktion erfüllt, wenn es einen Beitrag zur Versachlichung der Auseinandersetzungen und zur Rettung des kostbaren Gutes der Einheit leisten dürfte.

Freiburg, 2. Adventssonntag 1976

Karl Lehmann

Ein Wort zuvor

Ausschließlich aus Liebe zu unserer Kirche und um der Einheit ihrer Gemeinschaft willen habe ich dieses kleine Buch geschrieben. Daß es aber doch kritischer, ja sogar negativer ausfiel, als ich wollte, liegt in der Natur der Sache. Dies ist der Preis dafür, daß ich die Widersetzlichkeit des Erzbischofs Lefebvre und seiner Anhänger wie auch deren Vorgehen und Handlungsweisen, über die seit Monaten in Presse und Funk berichtet wird, ernst genommen habe.

Für mich sind die Seminaristen von Ecône und jene Gläubigen, die im Wagram-Saal oder im Sportpalast von Lille versammelt waren, Brüder; Brüder freilich, die hinsichtlich des Konzils und der von Papst Paul VI. eingeführten Meßliturgie irriger Ansicht sind. Die folgenden Seiten seien ihnen zur Reflexion angeboten und möglicherweise auch für eine Diskussion, der ich mich nicht verweigere. Es soll ihnen keineswegs zum Vorwurf gemacht werden, daß sie am katholischen Glauben festhalten, daß sie Achtung vor der Würde der Priester sowie Ernst und Strenge in deren Ausbildung fordern. Vorzuwerfen ist ihnen vielmehr, daß sie ein ökumenisches Konzil und wirklich ausgereifte

Reformen ablehnen, die von der höchsten Autorität gebilligt und von der katholischen Kirche in aller Welt angenommen und verwirklicht wurden, als ob das alles mit dem Makel des Irrtums behaftet wäre. Sollten die Sakramente, die täglich Millionen von Katholiken empfangen, „Bastardsakramente" sein? Sollten wir, die sie spenden, „Bastardpriester" sein? Das läßt sich nicht halten.

Viele Gläubige, die das Konzil und die gegenwärtigen Reformen annehmen, sind der Meinung, daß es gar nicht so weit gekommen wäre, hätten nicht seit dem Konzil viele gesetzwidrige Neuerungen, irreführende Vorschläge, verhängnisvolle Amtsniederlegungen überhand genommen, ohne bei den verantwortlichen Vorgesetzten mehr als nur bedauerndes Achselzucken hervorzurufen. Wir dürfen nicht so tun, als seien nur die anderen die Schuldigen. Auch ich gehöre dazu. Wir alle sind in diesem Drama füreinander verantwortlich. Ein Mann wie Erzbischof Lefebvre widersetzt sich gewiß nicht leichten Herzens dem Papst. Und wenn ich ihn hier kritisiere, so geschieht das genausowenig mit fröhlichem Herzen. Er erklärt, aus Liebe zur Wahrheit und zur Kirche zu handeln. Das gleiche gilt auch für mich.

Es war nicht möglich, alles zu sagen, alle Fragen zu behandeln, auf alle Kritiken oder Fragestellungen einzugehen. Der Leser möge mir nicht zürnen; er soll dieses kleine Buch aufschlagen und es bis zu Ende durchlesen in jenem Geist, in dem es verfaßt wurde: es beabsichtigt nichts weiter, als den katholischen Brüdern zu helfen, sich (wieder) der vollen und frohen Gemeinschaft der einen, heiligen, katholischen und apostolischen Kirche für immer einzugliedern oder bewußt in ihr zu verbleiben. Zur Ehre und zum Ruhm Gottes, des Vaters, des Sohnes und des Heiligen Geistes.

Am 3. September 1976, dem Fest des heiligen Gregor des Großen.

Yves M.-J. Congar

I

Die Weigerung des Erzbischofs Lefebvre

Tragweite und Hintergründe

Ecône und Erzbischof Lefebvre und kein Ende? Sind denn die brennenden Fragen, mit denen sich die Kirche in der weiten Welt konfrontiert sieht, nicht weit wichtiger? Wäre es nicht besser – ohne es ganz zu ignorieren –, die Aufmerksamkeit doch mehr dem zuzuwenden, was fast allerorts zur Verbreitung des Evangeliums im Entstehen begriffen ist: Katecheten auf freiwilliger Basis, Gebetsgruppen, Hilfe in allen Arten von Not? Soll man es zulassen, daß der Lärm über einen Fall von Ungehorsam die treue und tägliche Arbeit von Zehntausenden von Laien, Priestern und Ordensfrauen überdeckt, die, ohne Aufheben von ihrer Arbeit zu machen, Kirche inmitten einer Welt voller Spannungen und Probleme verwirklichen?

Dennoch ist Ecône nicht minder wichtig. Einmal der jungen Menschen wegen, die sich hier darauf vorbereiten, dem Herrn im Priestertum zu dienen. Dann deswegen, weil der Friede in der Kirche durch den Verlauf der Dinge seit dem Frühjahr 1974 verletzt worden ist. Und schließlich deswegen, weil das „Drama von Ecône" – von den Massenmedien verbreitet und bisweilen erst richtig ins Bild gebracht –

dazu führte, daß Unzufriedenheit oder Mißbehagen, worunter zahlreiche Gläubige litten, ans Tageslicht kamen. Meinungsumfragen dürfen zwar nicht überschätzt werden, aber welches Ergebnis brächte wohl eine Umfrage hinsichtlich der Errichtung eines Atomkraftwerkes in der Nähe einer Großstadt, wenn man sie unmittelbar nach einem etwaigen Unfall durchführen würde? Vor allem dann, wenn sich die Angelegenheit während der Sommerferien abspielen würde, zu einem Zeitpunkt also, da Fernsehen, Funk und Presse genug Zeit haben, sich damit zu befassen? Die am 13. August 1976 von der Zeitung „Le Progrès de Lyon" veröffentlichte Umfrage des Meinungsforschungsinstitutes I.F.O.P. (= Institut français d'Opinion publique) hat zweifellos von einem Zusammentreffen besonderer Umstände profitiert. Das macht sie nicht weniger bedeutsam. Ihr zufolge billigen 28% der Katholiken Frankreichs Lefebvres Positionen; 40% der praktizierenden Katholiken sind der Meinung, daß die Kirche zu weit gegangen sei.

Es sind dies jedoch nur ungenaue Angaben. „Zu weit": Über welchen Punkt hinaus? „Zu weit" worin? In welchem Ausmaß? „Lefebvres Positionen": welche? Die Tatsache, daß er eine „traditionelle" Priesterausbildung durchführt? Seine Ablehnung des Konzils? Beides ist nicht das gleiche. Außerdem müßten die Zahlenangaben erst überprüft werden. Ich gebe der Beurteilung des Religionssoziologen J. Gritti den Vorzug. Er hat einem ausgezeichneten Journalisten, Jean-Claude Petit, folgendermaßen geantwortet:

„Ein Schisma rekrutiert sich aus Personen, die sich nach und nach in offenkundigen Akten der Opposition verhärten. Sagen wir, daß es sich hierbei maximal etwa um einige Zehntausend handeln kann. Dagegen werden viele traditionelle Christen, die z. B. möglicherweise unter der Liturgiereform gelitten haben, ihrer Gemeinschaft aber dennoch treu geblieben sind, auch unter den jetzigen Vorfällen leiden, aber sie werden die Haltung des Papstes und der Bischöfe achten. Neben den 2%, die möglicherweise im Bruch mit der Kirche leben, würde ich daher 15% als mehr oder weniger ‚Verstörte' bezeichnen, ohne mit diesem Wort jedoch ein Werturteil verbinden zu wollen."[1]

Was steht eigentlich auf dem Spiel? Wir wollen es unseren Glaubensbrüdern so loyal und klar wie möglich sagen.

1. Die Ablehnung des Konzils und die Folgen

Worum geht es? Es geht weder um das Latein noch um die Soutane, noch um die im Seminar von Ecône eingehaltene Tagesordnung. Diese Ordnung ist jener sehr ähnlich, nach der ich mich von 1921–1924 im Séminaire des Carmes mit vielen anderen (und wie vielen anderen!) gerichtet habe; es waren innige und glückliche Jahre. Es geht vielmehr um die Annahme des Zweiten Vatikanischen Konzils und seiner sechzehn Dokumente, die von der Gesamtheit des katholischen Episkopats unterzeichnet und vom Heiligen Vater approbiert und promulgiert worden sind; es geht um Reformen, vor allem im Bereich der Liturgie, die vom Konzil angeregt, in Rom erarbeitet, durch die pastorale Autorität der einzelnen Sprachgebiete genauer gefaßt und vom Papst approbiert wurden. Diese anzunehmen ist unabdingbar, um voll und konkret in der Gemeinschaft der Kirche *von heute* zu leben.

Erzbischof Lefebvre und seine Anhänger – ganz gewiß jedoch nicht jene 28% Katholiken, die seine Handlungsweise billigen – erklären:

„Wir halten mit ganzem Herzen und ganzer Seele fest an der katholischen Kirche Roms, der Hüterin des katholischen Glaubens und der Traditionen, die zu dessen Bestand unerläßlich sind, an der ewigen Kirche Roms, der Lehrerin der Weisheit und Wahrheit.

Aber wir lehnen es ab und haben es immer abgelehnt, der neo-modernistischen Richtung zu folgen, die sich in Rom ganz klar im Zweiten Vatikanischen Konzil und in den daraus hervorgegangenen Reformen gezeigt hat ...

Diese Reform ist als Ergebnis des Liberalismus und des Protestantismus ganz und gar vergiftet ... Es ist deshalb jedem verantwortungsbewußten Katholiken, der seinem Glauben treu bleiben will, unmöglich, dieselbe anzunehmen oder sich derselben in irgendeiner Weise zu unterwerfen.

Die einzige Haltung, die der Treue zur Kirche und zum katholischen Bekenntnis und unserem Heil entspricht, ist die entschiedene Weigerung, diese Reform anzunehmen."[2]

Das ist eine Ablehnung des Konzils. Es ist zugleich eine Erklärung der Treue zu „Rom". Dies mag erstaunen, wenn man weiß, daß Erzbischof Lefebvre die Unterwerfung hartnäckig verweigert, die der Heilige Vater von ihm nicht nur durch die Vermittlung von Bischöfen und Kardinälen gefordert hat, sondern auch durch einen ersten persönlichen Brief vom 29. Juni 1975, einen zweiten – eigenhändigen – Brief vom 8. September 1975 und einen dritten vom 15. August 1976; Lefebvre erhielt dringliche brüderliche, liebevolle Ermahnungen. Erzbischof Lefebvre verwendete seinerseits in Schreiben an Papst Paul VI. Formeln wie folgende: „Meine tiefe Ergebenheit gegenüber dem Nachfolger Petri, die ich in die Hände Eurer Heiligkeit erneuere". „Der Pontifex Maximus, Nachfolger Petri und Stellvertreter Christi. Da wo der Stellvertreter Christi ist, da ist die katholische Kirche. Da wo der Stellvertreter Christi ist, da ist die Kirche der Apostel." „Vergessen wir nicht, daß die Römische Kirche unsere Mutter und Herrin ist, gemäß dem Sprichwort: ‚Rom hat gesprochen, die Sache ist entschieden'."[3] Lefebvre unterscheidet hier zwischen dem, was „das ewige Rom" sagt bzw. was in Paul VI. von Petrus stammt, und dem, was in den Aktionen des konkreten Rom bzw. Pauls VI. nach seiner Meinung von dem gleichermaßen verhaßten Liberalismus oder Modernismus herrührt. In seinem Urteil ist er selbst es, der unterscheidet, was annehmbar ist und was aus Treue zur „ewigen Kirche" als häretisch oder falsch zurückgewiesen werden muß. Als Unterscheidungsmerkmal dient ihm, was er die Tradition nennt. Diese schränkt er allerdings auf die Dokumente ein, die sich seit Trient und besonders von Gregor XVI. bis Pius XII. jener Bewegung der Moderne widersetzt haben, für die Erzbischof Lefebvre den Sammelausdruck „Liberalismus" verwendet[4]. Eines ist sicher: weder Pius XII. noch Pius XI., noch Pius X., noch Pius IX., noch Pius V., also keiner der Päpste, auf die Erzbischof Lefebvre sich bezieht, hätte eine solche Unterscheidung bzw. Trennung geduldet!

Erzbischof Lefebvre hat mehrmals präzisiert, was er in erster Linie verwirft und warum er es tut. Dies gilt vor allem für drei Themen des Konzils, bei denen er ein Eindringen der Prinzipien der Französischen Revolution von 1789 in die Kirche sieht: nämlich der Prinzipien der Freiheit (liberté), der Gleichheit (égalité) und der Brüderlichkeit (fraternité).

Das erste Thema ist die „Erklärung über die Religionsfreiheit":

„Die religiöse Freiheit entspricht dem Begriff ‚liberté' in der Französischen Revolution; es ist ein analoger Begriff, dessen sich der Teufel gerne bedient."

Das zweite Thema ist die Lehre von der Kollegialität der Bischöfe:

„Die Kollegialität ist die Destruktion personaler Autorität; Demokratie ist die Destruktion der Autorität Gottes, der Autorität des Papstes, der Autorität der Bischöfe. Kollegialität entspricht der ‚égalité', der Gleichheit der Revolution von 1789."

Das dritte Thema sind das „Dekret über den Ökumenismus" und die „Erklärung über das Verhältnis der Kirche zu den nichtchristlichen Religionen":

„Man achte genauer darauf, und man wird sehen, daß die hier vorgetragenen Auffassungen der ‚fraternité' (Brüderlichkeit) entsprechen. Man hat die Häretiker, die Protestanten, Brüder genannt: ‚getrennte Brüder'. Hier ist sie: die ‚fraternité'. Das gleiche gilt für den Ökumenismus; das ist die Brüderlichkeit mit den Kommunisten."[5]

2. *Liegt dem Ganzen eine politische Idee zugrunde?*

Der Integralismus, allgemeiner noch der Widerstand gegen jede Öffnung, ist in Frankreich von der Basis her immer schon konservativ und antidemokratisch. Die erste Auflage meines Werkes „Vraie et fausse réforme dans l'Eglise"[6] enthielt einen Anhang über die „Mentalität der ‚Rechten' und den Integralismus", den ich in der Neuauflage von 1969 als Versöhnungsgeste gegenüber den Integralisten gestrichen habe[7]. Viele historische Angaben und Analysen behalten dennoch ihre Gültigkeit. Was man uns über die Ausbildung Lefebvres berichtete[8], was wir über sein Wirken in Dakar erfahren[9] und was wir von ihm beim Konzil gehört und erlebt haben[10], die Erklärungen, die er seither abgegeben hat, die Kohärenz seiner Aussagen und seines Handelns, alles zeigt ihn als einen Mann der Rechten, in Übereinstimmung mit den Positionen der alten „Action française"[11]. Hier gibt es eine ganze Reihe charakteristischer Haltungen und Vorgehensweisen: die Gegner werden ein für allemal mit einem abwertenden Etikett versehen[12]; der Gegenstand der Ablehnung wird mit einem globalen Begriff verbunden, der eine undifferenzierte, gefühlsmäßige Abneigung hervorruft[13]; man besteht darauf, im Recht zu sein, mitunter auch um den Preis, als streitsüchtig zu gelten; die Überzeugung, daß es ein Komplott Böswilliger gibt, daß eine „jüdisch-freimaurerische" oder kommunistische Verschwörung sich Zugang in die Kirche verschafft hat, in ihr aktiv ist und eine innere Zerrüttung bewirkt[14].

Nicht alle Sympathisanten des Erzbischofs Lefebvre bestätigen diese Züge in ihrer Gesamtheit oder im gleichen Grad. Er selbst ist zu sehr ein Mann der Kirche und Herr seiner selbst, und er ist überdies auch viel zu liebenswürdig, um bis zu diesem Punkt Politiker und Sektierer zu sein, wenngleich uns seine Rede, die er am 29. August 1976 in Lille gehalten hat, beunruhigen muß (wir zitieren weiter unten einen Abschnitt daraus)[15]. Aber sehen wir einmal von dem politisch ausgesprochen antidemokratischen Standpunkt ab: Der mehr oder weniger ausdrückliche Widerstand gegen die vom Konzil bewirkten Reformen und die kritische Zurückhaltung gegenüber der heutigen Richtung der Kirche entspringen zugleich einer konservativen Grundhaltung und einer Abwehrhaltung gegen Veränderung im allgemeinen: inmitten so vieler Umstürze und in die Tiefe gehender Neuerungen soll wenigstens die Kirche fest, unerschütterlich und zuverlässig bleiben. Als Bischof Weber von Straßburg zum Konzil abreiste, sagte ein Stabsoffizier zu ihm: „Vor allem: es sollte nichts geändert werden!" Aber gerade das ist ein großes Problem, das Problem der Gegenwart: wir werden später noch einmal darauf zurückkommen.

Ein Katholik kann natürlich Gegner der Demokratie als politischer Regierungsform sein, vorausgesetzt, er ist es mit Verstand. Er kann – unter dem gleichen Vorbehalt – der „Rechten" zugehören, wenn er nur die lebendige kirchliche Gesinnung und den Geist des Evangeliums über den Gruppenzwang stellt. Wenigstens drei von meinen Freunden sehe ich vor mir, die dieser Forderung in außergewöhnlicher Weise entsprechen. Unsere Debatte ist also nicht politischer Natur. Ich verlange nichts weiter, als daß man Klarsicht behält über die eigenen Motive, einsichtig und kritisch bleibt hinsichtlich der eigenen Bedingtheiten und hinsichtlich des Anteils an Ideologie, der sich unseren ernsthaftesten Überzeugungen beimischt, und daß man schließlich die Transzendenz und die Freiheit des Evangeliums wahrt, für die unser Herr auf immer Beispiel und Quelle ist.

Die Zeugen, welche der Messe beiwohnten, die am 29. August 1976 im Sportpalast von Lille gelesen wurde, sowie die sechs Tageszeitungen und die beiden Wochenblätter, die ich zu diesem Thema gelesen habe, sind einstimmig der Auffassung, daß diese Manifestation betont politischen Charakter hatte: die am Eingang verkauften Zeitungen, der Ordnungsdienst, die Rede des Erzbischofs Lefebvre sowie der Applaus waren bezeichnend dafür. A. Woodrow fand in „Le Monde" dafür die Schlagzeile: „Die Maske ist gefallen." Das war uns schon lange klar. Aber wir wollen nicht, daß dadurch die schwerwiegenden Fragen der Kirche, die gestellt werden, noch jene, die an die Kirche gerichtet sind, an Bedeutung verlieren.

3. *Das Konzil abzulehnen heißt, sich an den Rand der katholischen Kirche zu stellen und sich der Autorität des Papstes zu widersetzen*

Das Zweite Vatikanische Konzil war weder in den Augen der „Konservativen" noch in jenen der „Progressiven" vollkommen, aber es besitzt mehr als jedes andere ökumenische Konzil der Geschichte alle Garantien der Authentizität. Es hat wie kein anderes die gesamte Kirche in der Person ihrer Hirten vereinigt. Es hat mehr als das Vatikanum I auf seine Minderheit, die konservativ war, gehört. Das habe ich selbst in den verschiedenen Kommissionen, in denen ich mitarbeitete, erlebt. Die theologische Kommission verdankt die Qualität ihrer Arbeit und die Ausgeglichenheit ihrer Texte zum Teil der Leidenschaft ihrer Minderheit. Der Heilige Vater hat alles getan und nahm dabei auch bisweilen das Risiko einer gewissen Unpopularität in Kauf, um Bedingungen zu schaffen, durch die die Besorgnisse der Minorität beruhigt wurden und in der Schlußabstimmung der Versammlung ein Maximum an Einstimmigkeit erreicht werden konnte. Daher rühren z. B. die Erläuternde Vorbemerkung (Nota praevia) zu Kapitel III der Dogmatischen Konstitution „Lumen gentium", oder die 19 „modi", die in letzter Stunde zum „Dekret über den Ökumenismus" eingebracht wurden.

Tatsächlich haben die Texte das endgültige Placet (Zustimmung) einer so großen Mehrheit von Konzilsvätern erhalten, daß sie der Einstimmigkeit nahekommt. Erzbischof Lefebvre hat selbst gesagt, er habe alle Konzilstexte unterzeichnet außer der „Erklärung über die Religionsfreiheit" und der Pastoralkonstitution „Gaudium et spes"[16]. Im folgenden seien die Zahlen zu jenen Dokumenten genannt, deren Beschlüsse seitens einiger Integralisten in bestimmten Punkten angefochten werden:

Konstitution „Sacrosanctum Concilium" über die heilige Liturgie: 2158 Jastimmen; 19 Neinstimmen.

Dogmatische Konstitution „Lumen gentium" über die Kirche: 2151 Jastimmen; 5 Neinstimmen.

Dekret über den Ökumenismus „Unitatis redintegratio"; 2137 Jastimmen; 11 Neinstimmen.

Pastoralkonstitution „Gaudium et spes" über die Kirche in der Welt von heute: 2309 Jastimmen; 75 Neinstimmen.

Erklärung „Dignitatis humanae personae" über die Religionsfreiheit: 2308 Jastimmen; 70 Neinstimmen.

Erklärung „Nostra aetate" über das Verhältnis der Kirche zu den nichtchristlichen Religionen: 2221 Jastimmen; 88 Neinstimmen.

Was das letzte Dokument betrifft, so ist vor allem festzuhalten, daß die Neinstimmen durch sehr verschiedene und sogar gegensätzliche Gründe, wie etwa zu große oder mangelnde Judenfreundlichkeit, motiviert sein können. Es ist außerdem festzuhalten, daß es sogar auf dem Konzil von Nicäa, das 250 Bischöfe vereinigen konnte, zwei Neinstimmen gab. Beim Ersten Vatikanischen Konzil hatten 70 Bischöfe der Minderheit Rom am Tage vor der Schlußabstimmung verlassen, um kein Non placet (Neinstimme) abgeben zu müssen; die Abstimmung vom 18. Juli 1870 ergab 533 Ja- und 2 Neinstimmen. Wenn ein Konzilstext aber einmal durch Abstimmung beschlossen und dann vom Papst approbiert und promulgiert ist, wird er für die Kirche, je nach seinem Charakter, verbindlich: als formelles Dogma (das Zweite Vatikanische Konzil hat keines formuliert), als doctrina communis (allgemeine Lehre) oder als einfaches Gesetz... Die Katholiken – mit den Bischöfen an der Spitze – haben sich der Übereinstimmung (consensus) in der Kirche anzuschließen; die Beweislast liegt bei dem, der dagegen antritt (sie ist „in possessione"). Dies hindert weder eine wissenschaftliche Untersuchung noch eine Diskussion über das, was diskutierbar bleibt, aber diese Übereinstimmung setzt bestimmte Grenzen, die für die communio catholica, die Gemeinschaft der Kirche, erforderlich sind.

Es ist etwas anderes, wenn dieser oder jener tatsächlich der Diskussion überlassene Punkt diskutiert wird, als wenn man erklärt (und auch danach handelt): „Wir lehnen es ab und haben es immer abgelehnt, der neo-modernistischen Richtung zu folgen, die sich in Rom ganz klar im Zweiten Vatikanischen Konzil und in den daraus hervorgegangenen Reformen gezeigt hat ... Es ist deshalb jedem verantwortungsbewußten Katholiken, der seinem Glauben treu bleiben will, unmöglich, dieselbe anzunehmen oder sich derselben in irgendeiner Weise zu unterwerfen" („Glaubenserklärung" des Erzbischofs Lefebvre vom 21. November 1974 [17]).

Nach seiner Rückkehr vom Ersten Vatikanischen Konzil rief der Erzbischof von München und Freising die Professoren seiner Theologischen Fakultät zusammen und forderte sie auf, für die heilige Kirche zu arbeiten. Einer von ihnen, Ignaz von Döllinger, antwortete trocken: „Ja, für die *alte* Kirche." Es gibt nur eine Kirche, antwortete der Erzbischof, es gibt keine neue oder alte Kirche. Darauf Döllinger: „Man hat eine neue daraus *gemacht.*" Dieser gelehrte Historiker hat sich später vergeblich dagegen gewehrt, als „Altkatholik" bezeichnet zu werden. Obwohl er nur als exkommunizierter Katholik angesehen werden wollte, zählt er doch zu den Initiatoren des altkatholischen Schismas, das bis heute andauert.

Wir wollen einen Augenblick beim Fall dieses Mannes innehalten. Er war Priester und hörte nun auf, die Sakramente zu feiern und zu praktizieren; dennoch ging er gern in die Kirche, um zu beten. Er wies es von sich, sich der Jurisdiktion des altkatholischen Bischofs zu unterstellen, und riet dem Kultusminister ab, diesen anzuerkennen. Er wollte keine schismatische Kirche und erklärte bei der ersten Versammlung der Altkatholiken in München vom 22.–24.9.1871: „Mein ganzes Leben lang habe ich die Geschichte der Sekten und der Trennungen in der Kirche studiert, und ich habe immer gesehen, daß sie ein schlechtes Ende nahmen. Wenn wir diesen Vorschlag (die Gründung von Pfarreien) annehmen, entsagen wir der Idee der Reform *innerhalb* der Kirche; gestatten Sie, meine Herren, daß ich meine Stimme erhebe, um Sie auf diese Gefahr hinzuweisen."

Döllinger ist auf der Ebene der Ideen stehengeblieben. Er hat die Definition eines Dogmas durch ein Konzil abgelehnt, was ihn objektiv mit der persönlichen Schuld des Schismas und der Häresie belastet. Zu welchem Zeitpunkt und durch welche Tat hätte er eine andere Kirche gegründet?

Ein anderer Fall aus der Geschichte ist hier sehr lehrreich. John Wesley (1704–1791) wollte sich nicht von der anglikanischen Kirche trennen; noch ein Jahr vor seinem Tod behauptete er, Mitglied dieser Kirche zu sein. Er hat sich dennoch von ihr getrennt und eine neue Gemeinschaft gegründet, als er 1784 Thomas Coke zum Superintendenten für Nordamerika ordinierte. Nicht umsonst sind gerade jene Fragen, die die Ämter betreffen, die entscheidenden Ursachen für die Spaltung zwischen den Kirchen. Wir sagen dies, um die Bedeutung zu unterstreichen, die im Drama zwischen Ecône und Rom die Weihe von 13 (14?) Priestern und 13 Diakonen (Subdiakonen?) hat, welche Erzbischof Lefebvre am 29. Juni 1976 trotz der Warnungen, dringenden Demarchen und Verbote des Papstes vorgenommen hat (es waren bereits im voraufgegangenen Jahr 3 Priester geweiht worden, allerdings nicht unter solchen Umständen). Eine äußerste Zuspitzung des Bruchs wäre erreicht, wenn der Erzbischof auch einen Bischof weihen würde. Dies würde in unseren Augen Fragen der Gültigkeit der Weihe aufwerfen.

Ein Schisma? Das ist ein sehr anfechtbares und schwerwiegendes Wort! Wir werden dennoch die Frage stellen müssen. Vorher jedoch sind noch zwei andere Punkte zu behandeln, die den rechtlichen Status dieses Bischofs und der von ihm geweihten Kleriker sowie den Ritus der Eucharistiefeier betreffen.

4. Bischof welcher Diözese? Kleriker welcher Kirche?

Der katholischen Kirche, werden sie sagen, und sogar „der ewigen Kirche". Das ist gewiß nicht nichts, aber es ist wiederum auch nicht so einfach. Die Kirche ist in der Tat eine Gemeinschaft: eine geistige Gemeinschaft durch den Glauben und die Liebe, die der Heilige Geist, der eine und selbe Geist, in die Herzen aller einpflanzt; eine Gemeinschaft, die abhängig ist und erhalten werden muß von sinnlich Wahrnehmbarem – denn wir alle haben einen Leib –: von den Sakramenten, Taufe und Eucharistie, vom konkret und historisch formulierten und vermittelten Wort … Da wir das Volk Gottes, aus der ganzen Welt zusammengerufen und auf dem Weg durch die Geschichte, sind – in jener „Menschheits-Karawane", von der Graf du Plessis de Grenedan sprach –, hat diese geistliche Gemeinschaft, um eine solche zu bleiben, konkrete Strukturen, die sie erhalten, darstellen und ordnen muß nach der Struktur und den Dimensionen wirklichen Lebens: nach Raum, Zeit und Ereignissen, Menschen. Das ist das Kirchenrecht („quo sit Ecclesia Christi felix", sagt eine Inschrift an der alten Universität von Salamanca: „dank dessen die Kirche glücklich ist"), das sind die Regeln der verschiedenen Orden und andere Bestimmungen; das ist – bezogen auf den Raum – die Aufteilung in Diözesen oder Jurisdiktionsbezirke; das ist die heilige Liturgie, deren Formen und Geschichte heute gut erforscht sind; das ist – bezogen auf die Zeit – das Wort, das die unfehlbare Kirche verkündet in Abhängigkeit von den Umständen und neuen Fragestellungen sowie den Quellen, über die sie verfügt. All dies ist getragen von konkreten Menschen, deren sich Gott, wie immer sie sein mögen, bedient. Abbé Lacordaire schrieb am 28. Oktober 1833 an Monsieur de Dumas: „Ich glaube, der Mensch sieht nur einen Punkt der Zeiten, und nur Gott allein erfaßt sie alle in ihrer Gesamtheit, und die von ihm inspirierte Kirche verhält sich, ohne es zu wissen, im Verhältnis zu dieser Gesamtheit."[18]

So ist die katholische Kirche in Diözesen gegliedert, die unter ihrem Oberhirten, der den Titel des Sitzes trägt, jeweils eine Ortskirche bildet (ich spreche von Strukturen, die in unseren Breiten gültig sind). Alt-Erzbischof Lefebvre war Bischof von Tulle (diesen

Sitz hatte er 1962 sieben Monate lang inne): das ist also der Titel, den ihm der Heilige Vater verliehen hat. Er hat keine Diözese. Gerade er, der die Idee so sehr bekämpft hat, nach welcher das Bischofskollegium Vollmacht über die Universalkirche hat, er schreibt sich eine solche Vollmacht zu und übt sie aus, er, ein einzelner Bischof ohne Diözese und zudem zur Zeit durch den Papst „a divinis" suspendiert; und wie oft sagt er selbst, der Papst allein habe die Jurisdiktionsgewalt über die ganze Welt. Der für Ecône zuständige Oberhirte ist Nestor Adam, der Bischof von Sitten, der am 15. August 1976 in allen Kirchen seiner Diözese folgenden Text verlesen ließ:

„In religiöser Hinsicht müssen die Katholiken dem Bischof der Diözese so lange gehorchen, als dieser mit dem Papst vereint ist. Seit fast fünfundzwanzig Jahren bin ich nun euer Hirte und euer Oberhaupt. Kein anderer kann sich in die geistliche Leitung der Diözese von Sitten einmischen ... Um katholisch zu bleiben, ist es unerläßlich, die Autorität des gegenwärtigen Papstes Paul VI. und des II. Vatikanischen Konzils anzuerkennen."

Kanonisch gesehen, war Erzbischof Lefebvre nicht berechtigt, ohne die Autorisierung durch Bischof Adam eine Weihe vorzunehmen (CIC, can. 1008). Die Seminaristen von Ecône – ich hege keinen Zweifel, daß sie sich dem Dienst des Herrn weihen wollen – konnten gemäß dem kanonischen Recht nicht ohne „Dimissorien" (Empfehlungsschreiben zur Weiheerteilung) ihres Heimatbischofs geweiht werden (CIC, can. 955, 962). Das sind die konkreten Ordnungsregeln, die eine Gemeinschaft verlangt. Weil sie diese Regeln nicht eingehalten haben, wurden die gerade Ordinierten und der Bischof, der sie geweiht hat, als „suspensi a divinis" erklärt, d.h., sie können die öffentlichen Amtshandlungen: Verkündigung, Sakramentenspendung usw., legitimerweise nicht ausüben. Die Verpflichtung der Weihekandidaten, die „Dimissorien" einzuholen und vorzulegen, ist der konkrete Ausdruck einer tieferen Verpflichtung, die zur Natur der Kirche gehört, nämlich im priesterlichen Amt einer Ortskirche anzugehören, die ihr „Presbyterium" (ihre Priesterschaft) und an dessen Spitze ihren Bischof hat. In der alten Kirche, der Kirche des Konzils von Chalcedon (451), wären die Weihen von Ecône für irritae, d.h. nicht anerkannt und für die Kirche als nicht bestehend erklärt worden. Nach der Lehre und Disziplin, die sich seither entwickelt hat, sind sie zwar gültig, aber irregulär, ungesetzlich und nicht konform mit der bestehenden Ordnung.

Wir wünschen natürlich, daß die Irregularitäten behoben, die Sanktionen aufgehoben werden, daß die volle Gemeinschaft wiederhergestellt wird und daß unsere jungen Mitbrüder ihr Amt in der Kirche noch fruchtbringender ausüben mögen, als es Gott in seiner Gnade ihren Vorgängern gewährt hat (ich bin am 25. Juli 1930, übrigens durch den Apostolischen Nuntius, zum Priester geweiht worden).

Ein extremer Grenzfall im Verständnis des Bischofs- und Priesteramtes, bei dem die Gültigkeit der Weihen völlig vom Dienst in einer Ortskirche und von der Gemeinschaft mit der Kirche isoliert würde, begegnet uns in den sogenannten „episcopi vagantes", sozusagen überzähligen Bischöfen. Sie sind gar nicht so selten (ich persönlich kannte deren zwei).

A. J. Macdonald und H. A. T. Brandreth haben diesem Thema jeweils eine ausführliche Untersuchung gewidmet[19]. Es sind dies Männer ohne wirkliche Diözese, die (bestenfalls) an der Spitze der Gruppe ihrer persönlichen Anhänger stehen und die Sakramente der Firmung und der Priesterweihe spenden ... Professor Friedrich Heiler, der selbst von einem jakobitischen Bischof geweiht wurde, hat auf diese Weise in Deutschland etwa 120 Priester geweiht ... Wir wollen Erzbischof Lefebvre nicht mit einem „episcopus vagans" gleichsetzen. Sein Fall ist absolut einmalig, seine persönlichen Überzeugungen und Intentionen sind von einer unbestrittenen moralischen Qualität. Er weiß um die kanonische Irregularität seines Handelns. Er rechtfertigt sich durch das Gefühl einer Pflicht, die ihm diese Art von Notwendigkeit, die kein Gesetz kennt, aufzwingt. Eine falsche Notwendigkeit, die aus einer falsch verstandenen Pflicht entspringt, denn er täuscht sich über das Konzil und die nachkonziliare Kirche. Wir haben die „episcopi vagantes" hier nur erwähnt, um dadurch die Theologie der Ortskirche und ihre konkreten Gesetze zu illustrieren.

5. *„Die Messe Pius' V."*

Erzbischof Lefebvre und seine Anhänger stehen nicht allein in dieser Sache. Abbé Coache und Abbé Barbara, Mgr. Ducaud-Bourget, der „Courrier de Rome", der zu diesem Thema immer wieder juridische Spitzfindigkeiten beibringt, sowie viele andere haben die Feier der „Messe Pius' V." und die Ablehnung der auf Anordnung Pauls VI. 1969 im Missale veröffentlichten erneuerten Meßformulare als häretisch und sogar als ungültig auf ihr Panier geschrieben. Für Erzbischof Lefebvre braucht der neue „Ordo Missae" nicht häretisch zu sein, nämlich für die Priester, die im Geist der Lehre des Konzils von Trient zelebrieren. Aber die neue Meßordnung gibt Anlaß zu einer Glaubenslehre und einer Haltung protestantischen und demokratischen Schlages, und dann ist sie häretisch, denn sie ist im Geist Luthers[20]! Die Zeitungen vom 22. Juli 1976 brachten die Nachricht, daß 23 örtliche Vereinigungen beschlossen hätten, „das heilige Meßopfer nach dem zeitlos gleichen Ritus, die sog. Messe Pius' V. ... gegen jedermann zu verteidigen und daran festzuhalten".

Verteidigen gegen wen? Gegen die 2500 Bischöfe und die 400 000 Priester, die täglich in der ganzen Welt die Eucharistie feiern in Gemeinschaft mit „unserem Papst Paul", den sie in dieser Feier namentlich nennen? Das ist nicht möglich.

Es ist auch nicht möglich im Hinblick auf die historische, theologische, liturgische und kirchenrechtliche Wahrheit, wie dies mit aller wünschenswerten Klarheit von zwei Mönchen von Solesmes sowie von André Richard[21] gezeigt wurde.

Wir sagen es noch einmal: es handelt sich weder um das Latein noch um einen Ausschluß des Römischen Kanons, der in seiner jetzigen Form aus dem ausgehenden 6. Jahrhundert datiert (aus der Zeit Gregors des Großen). Was mich betrifft, so lese ich die Messe täglich und, wenn er an der Reihe ist, auch mit dem Römischen Kanon, der im Meßformular Pius' V. steht;

ich lese sie gelegentlich auch lateinisch (so etwa, wenn ich in Rom an einer Sitzung der Internationalen Theologenkommission teilnehme). In zwanzig Pariser Pfarreien wird jeden Sonntag eine Messe lateinisch gefeiert. Hier liegt die Frage also nicht, genausowenig wie im Gregorianischen Choral, dessen Beibehaltung zumindest in den Klöstern der Heilige Vater gefordert hat: zu unserer geistlichen Freude. Die aufgeworfene Frage ist vielmehr historisch, theologisch, kirchenrechtlich und schließlich pastoral zu sehen.

– *Historisch.* Wenn man, wie die 23 örtlichen Vereinigungen von „der Messe nach dem zeitlos gleichen Ritus, genannt die Messe Pius' V.", spricht oder, wie Erzbischof Lefebvre in seiner Homilie vom 29. Juni 1976, vom „zeitlos gleichen Ritus", der auf die Apostel zurückgeht[22], dann setzt man sich dem Verdacht aus, die Geschichte nicht zu kennen. Dann verwechselt man die von Christus eingesetzte Eucharistie, die in der Tat unveränderlich ist, mit ihrem Ritus, der in den katholischen Einzelkirchen die verschiedensten Ausprägungen erfahren und sich im Lauf der Jahrhunderte gewandelt hat; dann verwechselt man diesen Ritus, der aus freien Stücken auf den lateinischen und sogar den römischen Ritus reduziert wurde (es gibt auch den ambrosianischen Ritus, den Kartäuser-Ritus, den mozarabischen Ritus usw.), mit dem Meßformular Pius' V. Da es dem Konzil von Trient nicht möglich war, bestimmte Reformen selbst zu verwirklichen, hat es den Heiligen Stuhl mit deren Durchführung und insbesondere mit der Veröffentlichung eines Katechismus zum Gebrauch der Priester (1566 durch

Pius V. verwirklicht, übrigens ein guter Text!), eines Breviers, eines Missale (auch durch Pius V., und zwar im Jahr 1570) und einer Standardausgabe der Heiligen Schrift (die Vulgata Sixtus' V. von 1590) beauftragt. In gleicher Weise hat das Zweite Vatikanische Konzil den Papst beauftragt, die Liturgiereform durchzuführen, die es in großen Zügen bereits in seiner Konstitution „Sacrosanctum Concilium" – übrigens dem einzigen Konzilsdokument, das aus einer vorkonziliaren Kommission herrührt – dargelegt hatte.

Wenn dieser Text standgehalten hat und noch immer hält, so deshalb, weil er, wie auch die Liturgiereform seither, die Frucht einer Wissenschaft und einer liturgischen Bewegung von hohem Rang und großer Vitalität war; einer Wissenschaft und einer Bewegung, deren Ursprünge mehr als ein Jahrhundert zurückreichen und deren Entwicklung seit etwa sechzig Jahren andauert.

Die Absicht, aus dem Missale Pius' V. eine Art Absolutum zu machen, als wäre es ohne mögliche Änderung schlicht und einfach identisch mit der Eucharistie des Herrn, ist eine unhaltbare Position. Damit soll der Würde dieses Textes kein Abbruch getan werden. Ich selbst habe mich aber nie ganz daran gehalten, denn Pius V., der Dominikaner war, hatte die Beibehaltung jener Sonderliturgien, die schon mehr als 200 Jahre im Gebrauch waren, und also auch jene der Dominikaner, gestattet ...

– *Theologisch.* Die Gegner des neuen Meßbuchs motivieren ihre Weigerung – die auch ein gut Teil unbegründbarer Opposition gegen jede Neuerung sowie

Leidenschaft und Starrköpfigkeit enthält – durch folgende Argumente:

Die Messe Pauls VI. bringe nicht den Aspekt des Opfers zum Ausdruck. „Wie kann man zwischen einer Messe, die ein wahrhaftes Opfer ist, und einer Messe, die letztlich ein protestantischer Kult, ein Mahl, eine Kommunion, eine Eucharistie, ein Abendmahl, wie schon Luther es ausdrückte, ist, schwanken?"[23] Daß gegenwärtig im Bewußtsein vieler Katholiken und sogar Priester eine Abschwächung der Idee des eucharistischen *Opfers* gegeben ist, dürfte richtig gesehen sein. Aber es bleibt doch festzuhalten, daß dies nicht die Idee einer *Vergegenwärtigung* des einzigen Opfers betrifft, das Jesus am Kreuz dargebracht hat, und die durch die Kirche in ihrer sakramentalen Meßfeier geschieht: das ist ein biblischer („Gedächtnis"), ein traditioneller und ein thomistischer Begriff[24]. Es ist also gut, daß der Glaube der Kirche, der in diesem Punkt im übrigen gar nicht so leicht in seinen genaueren Einzelheiten darzulegen ist, wieder in Erinnerung gerufen wird. Aber es ist ganz und gar ungenau, zu sagen, die neuen Meßgebete würden die Idee des Opfers verdrängen oder gar verschweigen. Das Wort Opfer kommt in den Gebeten zur Gabenbereitung zweimal vor; ausdrücklich wird es gebraucht in den eucharistischen Hochgebeten III und IV. Was Hochgebet II betrifft, so ist es fast wörtlich dem ältesten bekannten liturgischen Text, jenem der „Apostolischen Tradition" Hippolyts (Anfang des 3. Jahrhunderts), entnommen. Eben dieser Hippolyt war es, der, nachdem er sich Papst Calixtus widersetzt und ihn einer zu großen Nachsicht den Sündern gegenüber angeklagt hatte, dann zusammen mit dem Nachfolger dieses Papstes, Pontian, des Glaubens wegen verurteilt und nach Sardinien deportiert wurde!

Die Messe Pauls VI. sei protestantisch. Erzbischof Lefebvre hat einer seiner Veröffentlichungen die Überschrift „Die Messe Luthers"[25] gegeben. Immer wieder wurde von seiten der Gegner eine Äußerung von Frère Max Thurian von Taizé zitiert, nach der auch Protestanten nach dem neuen katholischen Ritus die Eucharistie feiern können. Dies interpretieren sie nun von sich aus in dem Sinne, man habe den Glauben der Kirche protestantisch gemacht; sie stellen sich dabei jedoch nicht die Frage, ob nicht zumindest einige Protestanten ihre vor dem 16. Jahrhundert liegenden Quellen neu entdeckt und insoweit und in diesem Sinne ihren Glauben katholischer gemacht haben. Und doch ist dies die beste Hypothese: sie wird sogar zur Gewißheit für den, der das von Frère Max Thurian schon vor dem Konzil veröffentlichte Buch „Eucharistie" gelesen hat[26]. Was nun die Behauptung betrifft, die nichtkatholischen Beobachter hätten auf den römischen „Rat zur Durchführung der Liturgie-Konstitution", durch den die Liturgiereform erarbeitet wurde, einen gleichermaßen nichtkatholischen Einfluß gehabt, so wurde sie von allen Mitgliedern dieses Consilium (Rates), denen ich diese Frage vorgelegt habe, aufs schärfste verneint, ebenso auch vom Presbüro des Vatikans am 25. Februar 1976[27].

Daß es zur Freude der Protestanten geschah, als die Kirche dem Wort Gottes in ihrer Meßfeier einen größeren Raum gab, kann nur jene empören, die Katholizismus mit Antiprotestantismus gleichsetzen, wie es ja auch Protestanten gab – nun glücklicherweise im Aussterben begriffen –, für die Antikatholizismus gleichbedeutend war mit dem wahren Christentum.

Die Messe Pauls VI. sei demokratisch und als solche Ausdruck einer neuen Religion. Die Anschuldigung ist so ungeheuerlich, daß wir die Stelle aus der Rede Erzbischof Lefebvres bei der Weihehandlung am 29. Juni 1976 wörtlich wiedergeben müssen:

„Es ist evident, daß dieser neue und offiziell gebilligte Ritus, wenn ich so sagen darf, eine andere Auffassung der katholischen Religion, eine andere Religion voraussetzt. Nicht mehr der Priester bringt das heilige Opfer der Messe dar, sondern die Gemeinde. Aber das ist ein ganzes Programm. Fortan wird auch die Gemeinde die Autorität in der Kirche vertreten. Es ist die bischöfliche Gemeinde, die die Vollmacht der Bischöfe ersetzt. Es ist die Priesterversammlung, die die Vollmacht des Bischofs in der Diözese ersetzt. Die Zahl ist es, die fortan in der heiligen Kirche bestimmt. All dies findet in der Messe seine genaue Entsprechung, denn die Gemeinde ersetzt den Priester schon so weit, daß viele Priester nun die heilige Messe gar nicht mehr lesen wollen, wenn nicht eine Gemeinde anwesend ist.
So schleicht sich unversehens der protestantische Begriff der Messe in die heilige Kirche ein. Und das entspricht der Mentalität des modernen Menschen, der Mentalität des modernistischen Menschen, es entspricht ihm absolut, denn es ist das demokratische Ideal, das in grundlegender Weise die Idee des modernen Menschen ist. Das heißt also, daß die Vollmacht in der Gemeinde liegt, die Autorität in den Menschen, in der Masse und nicht in Gott ... Diese Messe ist keine hierarchische Messe mehr, sie ist eine demokratische Messe ..."

Der kleine Teil an Wahrheit, der sich in diesem Text in den (übrigens sehr ungenauen) Feststellungen oder in den ausgesprochenen Befürchtungen findet, wird aber wieder verunklart durch die Vermengung mit einer unkritischen politischen Leidenschaft und einer anfechtbaren theologischen Interpretation. Sehen wir einmal von dem letzten Abschnitt und der mißbräuchlichen Verallgemeinerung ab, als ob die Behauptung der Tatsache, daß die Gemeinde, die „Ekklesia", auf ihrer Ebene und auf ihre Weise das tragende Subjekt der Meßfeier bildet, immer gleichbedeutend sei mit der Verneinung der Tatsache, daß die Vollmacht von Gott herrührt. Es geht hier nicht um „Vollmacht", sondern um die Gemeinschaft und den Vollzug der christlichen Existenz, des mit der Taufe verliehenen allgemeinen Priestertums durch die Gläubigen[28]. Die Tradition ist hierfür sehr solide, mindestens soweit sie nicht von einem Antiprotestantismus inspiriert ist[29]. Sie wird in vielen, vor allem aber in den liturgischen Texten selbst zum Ausdruck gebracht. „Orate, fratres: ut meum *ac vestrum* sacrificium; Nos et *plebs tua sancta*" (Betet, Brüder und Schwestern, daß mein und *euer Opfer...*"; „wir und *dein heiliges Volk*"). Diese Tradition besagt, daß das tragende Subjekt der Meßfeier die Ekklesia ist, die strukturierte christliche Gemeinde unter dem Vorsitz eines ihrer *geweihten* Mitglieder. Dieses hat dafür in seiner Weihe eine neue Teilhabe am Priestertum Jesu Christi erhalten: in der Linie des Amtes und für das Amt und nicht mehr allein in der Linie der persönlichen christlichen Existenz (Taufe). Daher ist der Priester nicht nur in bezug auf Christus zu sehen, den er repräsentiert und dessen Rolle er in einem gewissen Grad im sichtbaren sakramentalen Bereich spielt

(„agit in persona Christi"), sondern auch in bezug auf die Gemeinschaft, die er versammelt und der er vorsteht. Erzbischof Lefebvre sieht nur die erste Beziehung. Er hat dies in der oben erwähnten Rede sogar zum Ausdruck gebracht, und zwar in sehr anfechtbaren Begriffen, auf die wir hier jedoch nicht näher eingehen wollen, da wir davon überzeugt sind, daß sie sich mit seinem wirklichen Glauben nicht vertragen. Die theologischen Untersuchungen von heute, die sich besonders auf das Neue Testament und die alte Tradition stützen, unterstreichen die Funktion der versammelten christlichen Gemeinde und die Beziehung, die der Priester als ihr „Vorsteher" (praeses = Vorsitzender) zu ihr hat (wobei dieser letzte Begriff weit mehr bedeutet als einen bestimmten Sitzplatz einzunehmen). Er ist der, der zusammenruft, der leitet, der Leben vermittelt, der durch einen sakramentalen Akt ermächtigt wurde, von Sünden loszusprechen und die Eucharistie zu feiern.

Ist dies nicht die Lehre des Konzils von Trient: „Nach der Feier des alten Pascha ... setzte er das neue Pascha ein, sich selbst; auf daß er von der ecclesia durch den Priester unter sichtbarem Zeichen geopfert werde."[30]

– *Vom kirchenrechtlichen Standpunkt aus* soll hier, nachdem der „Courrier de Rome" dies mit raffinierten Spitzfindigkeiten bestritten hat, die Gültigkeit eines neuen, durch Paul VI. veröffentlichten Missale betont werden, dessen Verwendung in öffentlichen Meßfeiern ab dem ersten Fastensonntag (7. März) 1976 für das deutsche Sprachgebiet obligatorisch wurde[31]. Es ist richtig, daß Pius V. in dem Breve „Quo primum tempore" jene, die nach dem von ihm herausgegebenen Missale zelebrieren als für alle Zeiten von jeglicher Zensur befreit erklärt hat. Der Sinn dieser Klausel wird aus dem Kontext sehr klar: sie bezog sich auf die Anhänger früherer Meßformulare, die jene tadelten, die dem fortan offiziellen Ritus folgten. Aber der Papst verbot auch, in seinem Meßformular irgend etwas abzuwandeln oder ihm etwas hinzuzufügen; gerade das aber haben mehrere seiner Nachfolger getan, wie etwa Pius XII. für die Feier der Ostervigil. Konzilien und Päpste haben nämlich die Vollmacht, getroffene Maßnahmen ihrer Vorgänger abzuändern, um den Bedürfnissen der Zeit zu entsprechen. Die Formeln der Kurie, wie etwa „zum ewigen Gedächtnis", dürfen nicht gegen die Fakten gestellt werden. Ich denke hier an Bonifaz VIII., der noch kräftigere Formeln gebrauchte. Das Breve Clemens' XIV. „Dominus ac Redemptor" vom 21. Juli 1773, das die Gesellschaft Jesu auflöste, wollte, daß diese Maßnahme „perpetuo", also „für immer", gelte (§ 26). Pius VII. hat durch die Bulle „Sollicitudo omnium" vom 7. August 1814 die Gesellschaft wieder errichtet, „ungeachtet des Breve Clemens' XIV. seligen Angedenkens" (§ 12). Die päpstliche Vollmacht ist bei allen Päpsten, die an der Spitze der streitenden Kirche aufeinanderfolgen, die gleiche.

– *Die pastorale Perspektive* schließlich verdient die meiste Beachtung. Denn die Sakramente sind für die Menschen da; die Liturgie ist das Lob der Kirche, des Leibes Christi, der mit seinem Haupt verbunden ist.

Daher ist das Gesetz, von dem sich die verantwortlichen Seelsorger leiten lassen, das der seelsorglichen Anpassung zum geistlichen Nutzen und zum Heil der Menschen, denn darauf zielt die unwandelbare Wahrheit der göttlichen Offenbarung, die Gegenstand und Norm des Glaubens ist. Das war auch bestimmend für die Liturgiereform sowie für die Wiederaufnahme von Ideen und Elementen einer Tradition, die älter ist als jene des Mittelalters und der Neuzeit. Zugegeben, in der erneuerten Liturgie ist nicht alles über jede Kritik erhaben. Viele Priester und Gemeinden leisten mit geringen Mitteln und unter schwierigen Umständen ihr Bestes. Aber die erneuerte Liturgie der Messe und der Sakramente hat eine „aktive Teilnahme" der Gläubigen (der Ausdruck stammt von Pius X.) ermöglicht, die unvergleichlich besser ist als jene der alten lateinischen Riten. Die sonntäglichen Fernsehmessen zeigen lebendige Gemeinden. Ich glaube, daß ich mit meiner Auffassung nicht allein stehe. Am Sonntag, dem 29. August, genau zu dem Zeitpunkt, als Lefebvre in Lille die Messe nach dem Formular Pius' V. las, übertrug das Fernsehen eine ganz einfache Messe aus einer Kapelle in Lantic (Côtes-du-Nord). Ich habe die lateinische Messe, die ich fast vierzig Jahre hindurch gelesen habe, gern gehabt. Aber ich möchte nicht mehr auf sie zurückkommen. Ich habe jüngst bei einer sog. Pius-V.-Messe assistiert (und als Priester konzelebriert), die beim Begräbnis eines Freundes gehalten wurde. Ehrlich, es war unerfreulich. Die Anwesenden sprachen kein Wort; sie sahen nichts und hörten fast nichts von dem, was der Priester, mit dem Rücken zum Volk, am Altar tat.

Es ist klar, daß die Messe nach dem Meßformular Pius' V. etwas sehr Ehrwürdiges ist. Sie ist übrigens nicht abgeschafft; sie ist nach wie vor erlaubt für die älteren Priester und in der sog. privaten Meßfeier. Und wenn ich zelebriere und dabei den Römischen Kanon, evtl. auch in lateinischer Sprache, verwende, was unterscheidet dann meine Messe von jener der Priester von Ecône, aus dem Wagramsaal oder von Favigny, Priester des gleichen Priestertums? Nur ein einziger Zug, der aber sehr bedeutungsschwer ist: sie bringen die sog. Messe Pius' V. in einen Gegensatz zu jener Pauls VI., die zu zelebrieren sie sich weigern; für sie ist ihre Meßfeier ein Mittel der Kundgebung und des Protests, eine Geste des Ungehorsams und sogar der Verachtung. Ist denn das möglich? Ist das eine Weise, „das Herrenmahl zu feiern" (vgl. 1 Kor 11,20)?

6. *Auf dem Weg zu einem Schisma?*

Das ist ein sehr schwerwiegendes Wort. Und doch schrieb es Pater G. Cottier, ein Schüler Kardinal Journets, in diesem Sommer: „Erzbischof Lefebvre hat den gefährlichen Weg eingeschlagen, der zum Schisma und vielleicht zur Häresie führt." Eine befremdende Voraussage, handelt es sich hier doch um einen Mann, der durch seine Opposition gegen den Papst und gegen die nachkonziliare Kirche nur der „zeitlos gleichen" Rechtgläubigkeit, die das Konzil seiner Meinung nach verraten hat, die absolute Treue halten will! Wir alle kennen die Geschichte von jenem ägyptischen Einsiedler, der sich bei seiner Suche nach immer größerer

Stille immer tiefer in die Wüste verlor, schließlich sie ganz durchquerte und sie wieder verließ. Aber bleiben wir bei der Sache[32].

Es gibt zwei klassische Formeln in bezug auf das Schisma: „Altar gegen Altar kehren" und: „sich weigern, als Teil eines Ganzen zu handeln".

In der eucharistischen Feier bekennen wir, in Gemeinschaft „mit unserem Papst Paul" und dem Ortsbischof zu stehen. Die Eucharistie ist das Sakrament der Einheit, die sie bezeichnet und erhält. Als Sakrament des Leibes Christi macht sie uns zum mystischen (= geheimnisvollen, geistlichen, kirchlichen) Leib, indem sie uns teilhaben läßt am Leib Christi, der im Sakrament gegenwärtig ist. So ist auch die brüderliche Einheit nicht zu trennen von der Einheit mit Christus durch das Sakrament. Das konkrete Kriterium der brüderlichen Einheit, der Gemeinschaft in der Kirche, ist die Einheit mit dem Ortsbischof, der selbst mit den anderen Bischöfen und dem Bischof von Rom, dem Mittelpunkt der katholischen Einheit, in Einheit verbunden ist. Wer die Eucharistie außerhalb dieser Regeln der Gemeinschaft feiert, kehrt Altar gegen Altar, wie es der klassische Ausdruck bei den Vätern besagt, die ein so starkes Empfinden für das Band zwischen Kirche und Eucharistie hatten. So schrieb z.B. der Bischof und Märtyrer Cyprian im Jahr 251, um einem drohenden Schisma vorzubeugen:

„Von jedem, der von der Kirche getrennt ist, muß man sich abwenden, muß ihn fliehen: er ist ein Gottloser, ein Sünder, der sich selbst verdammt. Glaubt er, mit Christus verbunden zu bleiben, wenn er gegen die Priester Christi handelt, wenn er mit seinem Klerus und seinem

Volk bricht? Er wendet seine Waffen gegen die Kirche, er kämpft gegen die göttlichen Weisungen. Als Gegner des Altars, als Aufrührer gegen das Opfer Christi und Feind des Glaubens bleibt er nicht treu ..., sondern wagt unter Mißachtung der Bischöfe und Priester Gottes, einen anderen Altar zu errichten, in unerlaubten Worten ein anderes Gebet zu sprechen ..."[33]

Nach dem Vordringen der sozio-korporativen Auffassung der Einheit der sichtbaren Kirche verband man dieses Element, nämlich die Einheit der sozialen Körperschaft, mit dem Topos des Bandes zwischen der kirchlichen Einheit und der eucharistischen Feier. Und hier präzisierte Kardinal Cajetan, ein großer Theologe – eben jener, vor den in seiner Funktion als Legat Luther 1518 zitiert wurde –, den Begriff des Schismas als die Weigerung, sich als Teil eines Ganzen zu verstehen und zu verhalten, „sese gerere ut partem, esse partem unius numero populi"[34]. Schismatiker ist, wer denken, beten, handeln, in einem Wort: leben will *nicht* in Übereinstimmung mit der Gesamtkirche, *nicht* als Teil in Übereinstimmung mit dem Ganzen und mit der Autorität, die diesem Ganzen vorsteht, sondern nach seinem eigenen Gesetz und als autonomes Sein. Dies ist nicht nur so zu verstehen in bezug auf das Ganze, welches die Kirche aktuell ist, sondern gleichermaßen in bezug auf alles, was die Kontinuität ihrer Lebenswirklichkeit in der Zeit und ihrer Geschichte ausmacht.

Erzbischof Lefebvre hat zwar am 19. März 1975 an Abbé G. de Nantes geschrieben: „Wenn ein Bischof mit Rom bricht, dann werde nicht ich es sein."[35] Er versteht darunter aber das (nach seinem Urteil) treue

Rom, „das ewige Rom" und nicht das Rom des Zweiten Vatikanischen Konzils und das Meßbuch Pauls VI. Wie aber kann man beanspruchen, Recht zu haben und sich als Teil eines Ganzen zu verhalten, wenn man die Eucharistie ablehnt, die von 700 Millionen Katholiken, 400000 Priestern, 2550 Bischöfen in Einheit mit dem Nachfolger Petri gefeiert wird? Erzbischof Lefebvre hat in Radio Luxemburg gesagt, die wahre katholische Kirche befinde sich in Ecône[36]. Es wären also die anderen, der Papst und wir alle, Schismatiker? Genau das behauptet Erzbischof Lefebvre z.B. ganze Abschnitte lang in einem Text, der mit „Ecône, 2. August 1976" datiert ist und im „Figaro" vom 4. August 1976 veröffentlicht wurde. Oder er sagt in einem Interview mit der italienischen Wochenschrift „Europeo": „Nicht ich habe das Schisma gemacht. Die Kirche von Rom, die Kirche des Konzils hat sich von Christus losgelöst." Und in Lille wiederum, am 29. August 1976: „Wir befinden uns nicht im Schisma, wir sind diejenigen, die die katholische Kirche weiterführen. Jene, die die Reformen machen, befinden sich im Schisma."

Ist das denkbar? Erfordert das nicht ein nochmaliges Überdenken?

Um dem, was auf dem Spiel steht, tiefer auf den Grund zu kommen, möchten wir zunächst auf die Kritik und die Ablehnung des Konzils zurückkommen, dann von der gegenwärtigen Krise sprechen und schließlich jene Lösung andeuten, die uns für das gegenwärtige Drama wünschenswert erscheint.

2
Die Bewertung des Konzils

Von den seit dem Konzil verwirklichten Reformen erfährt die Reform der Liturgie der Messe und der Sakramente die meiste Kritik und Ablehnung. Wir haben bereits davon gesprochen. Nun müssen wir noch einmal auf die Dokumente und die gleichfalls verurteilten Positionen des Konzils zurückkommen.

1. Ist die Kollegialität das Ende der Autorität?

Daß durch die Tatsache der nationalen Bischofskonferenzen, Kommissionen, Zentralen und Institutionen die Gefahr einer Verminderung der persönlichen Ausübung der bischöflichen Autorität gegeben ist, darauf hat nicht nur Erzbischof Lefebvre hingewiesen. Auch Kardinal Frings hat dies gesagt. Daß aber die Kollegialität und die Einrichtung von Synoden die päpstliche Autorität in den Schatten gestellt hätten, scheint nun wirklich nicht der Fall zu sein. Ebensowenig ist festzustellen, daß die Priesterräte und dort, wo sie existieren – in Frankreich nur sehr wenige –, die Pastoralräte der Autorität des Bischofs

Abbruch getan hätten. Dagegen ist die Frage angebracht, ob nicht gerade ein öffentlicher und hartnäkkiger Ungehorsam gegenüber den Ortsbischöfen und dem Papst deren Autorität beeinträchtigt.

Was man unter dem Begriff „Kollegialität" zusammenfaßt, enthält zwei ganz verschiedene Dinge, die nur durch die tiefgründige, auf „Gemeinsamkeit" bezogene Wurzel zusammengehalten werden. Der Ausdruck „kollegial" ist heute in Mode; er wird einmal in einem weiten und eher pragmatischen Sinn gebraucht: so sagt man z. B. von einem Unternehmen, es stehe unter einer kollegialen Leitung. Im kirchlichen Bereich sodann heißt es bisweilen, man habe es an Kollegialität fehlen lassen, wenn eine Entscheidung seitens der Autorität, also ohne Hinzuziehung der Basis, gefällt wurde. Das ist ein Mißbrauch des Wortes, durch den aber doch eine authentische und überlieferte Wirklichkeit bezeichnet wird. Die tiefere Überlieferung ist in der Tat die, daß die Gemeinschaft zur Regelung ihres Eigenlebens zusammenwirkt, nicht durch eine Usurpierung der Autorität, denn sie ist strukturiert und differenziert, sondern durch ein aktives Netz von Räten und Informationen sowie durch eine vertrauensvolle Kommunikation der Beteiligten untereinander, die sich von unten nach oben und von oben nach unten vollzieht [37]. Die Kirche ist ein Leib: sie hat ein Haupt, sie lebt aber in allen ihren Gliedern.

Ein umfassendes System von Räten, Zusammenschlüssen und Zusammenarbeit ist heute um so wünschenswerter, als einerseits Bildung und Information sowie die Gewohnheit, an Entscheidungen teilzuhaben, verbreiteter sind als früher, andererseits die

Probleme komplexer wurden und nun umfassendere Elemente ins Spiel bringen, und schließlich, weil es für viele neue Probleme weder Modelle noch Präzedenzfälle gibt. Die Kommunikation ist zudem heute wesentlich leichter geworden ... Die Kirche kann nur gewinnen, wenn sie ihr konziliares oder kollegiales Leben in diesem weiten Sinne des Wortes entwickelt. In einem sehr viel eingeschränkteren Sinn von „kollegial" hat das Konzil diesen Begriff auf das Bischofskollegium – es ist hier nie von „Kollegialität" die Rede – angewandt[38]. Er besagt, daß die Bischöfe einen gleichfalls strukturierten Leib mit dem Nachfolger Petri als Haupt bilden, der in solidarischer Weise die Aufgabe und damit auch die Vollmacht hat, die Kirche zu leiten. Diese Vollmacht gelangt zu uneingeschränkter Ausübung, wenn das Kollegium einen kollegialen Akt setzt, also einen von allen Mitgliedern des Kollegiums gemeinsam beschlossenen Akt. Dies geschieht beim Konzil, wenn der Bischof von Dakar, der Bischof von Chicago, gemeinsam mit den anderen für die gesamte Kirche, einschließlich jener von Paris oder Saigon, eine Entscheidung fällen. Hier handelt es sich um eine durch und durch traditionelle Wirklichkeit, die Cyprian im Jahr 251 in die unvergessenen Worte faßte: „Es gibt nur eine Bischofswürde, und jeder Bischof besitzt sie für sich ohne Teilung des Ganzen (in solidum)."[39]

Kollegiale Akte im strengen Sinn sind selten. Die Konzilien sind *Ereignisse* im Leben der Kirche; sie gehören nicht zu ihrem Alltag. Aber, um es mit Mgr. G. Philips zu sagen: wenn das Kollegium auch nicht ständig kollegiale Akte setzt, so ist es doch nie im Urlaub. Hier kommt die weiteste Bedeutung des Begriffs „Kollegialität" ins Spiel. Wie Paul VI. auf der Synode von 1969 sagte, ist Kollegialität Gemeinsamkeit, Solidarität, Mitverantwortlichkeit. Sie ist die Übertragung der Gemeinschaft und Solidarität der Kirchen auf die Ebene der verantwortlichen Seelsorger. Sie ist nicht mehr eine Frage der „Vollmacht", sondern noch und immer eine Frage der Verantwortlichkeit. Kein Christ kann sagen: „Bin ich denn der Hüter meines Bruders?" (vgl. Gen 4,9); und keine Kirche kann sagen: „Reich bin ich und habe Reichtum erworben, und ich brauche die anderen nicht" (vgl. Apg 3, 17). Welch große, heilige, bewundernswerte Gemeinschaft der Kirche!

Von konservativem und paternalistischem Geist erfüllte Menschen („Alles für das Volk, nichts durch das Volk", sagte Donoso Cortés) empfinden eine heftige Abneigung schon allein gegen die Worte „Basis", „Volk" und „Demokratie" – letzteres haben wir hier nicht verwendet: es paßt zu schlecht auf die Kirche und in die Kirche. Das ist eine Reaktion der persönlichen Veranlagung und der politischen Einstellung. Aber die Kirche hat ihre eigene Ordnung, und ihre wesensmäßig gemeinschaftliche Natur liegt der Revolution von 1789 um mehr als siebzehn Jahrhunderte und jener von 1917 um mehr als neunzehn Jahrhunderte vorauf[40]. Hier handelt es sich absolut nicht um Politik, sondern um die christliche Existenz der Kirche.

2. *Ist der Ökumenismus Verrat an der Wahrheit?*

„Wir weisen einen Ökumenismus zurück, der unseren Glauben und unsere heilige Religion verrät, der die katholische Kirche mit den Irrtümern der Welt und den protestantischen Häresien vereinigen will."[41] Dies gilt auch für mich. Und ebenso auch für das Konzil. Allerdings unter der Voraussetzung, daß es hieße: „verraten würde", denn das indikativisch gebrauchte Wort würde ein Faktum ausdrücken. Wir wollen nicht bestreiten, daß es Übertreibungen gibt, wir haben sie zum Teil sogar selbst kritisiert, aber diese Exzesse haben nichts mit dem Ökumenismus des Konzils zu tun. Übertreibungen sind fatal, denn der Ökumenismus ist Öffnung, Bewegung, die ja von ihrem Wesen her schon zu einer Überschreitung auffordern. Man muß also wachsam, darf aber nicht verschlossen sein. „Treue ist Offenheit", dieser Wahlspruch einer Bewegung, deren Haltung vor allem von unserem Freund Gérard Soulages ermutigt wird, wäre auch für einen gesunden Ökumenismus eine sehr gute Devise.

Wenn der Ökumenismus wirklich Liberalismus, Konfusion, billige Übereinkunft und Synkretismus wäre, wie erklärt es sich dann, daß es ihm, zumindest in der ersten Zeit, gelungen ist, das konfessionelle Gewissen eher neu zu beleben? Man wird einwenden, dies gelte für die anderen, nicht aber für die Katholiken. Pater Bruckberger glaubt, das Resümee, welches Präsident Kennedy nach seiner Begegnung mit Chruschtschow von der sowjetischen Position gab, auf die französischen Protestanten anwenden zu können: „Alles was uns gehört, ist endgültig erworben, ist unantastbar. Über alles, was euch gehört, kann man verhandeln."[42] Damit beweist er eine sehr schlechte Kenntnis der Wirklichkeit unserer Beziehungen und jener Bewegung der Ideen, die auf der Grundlage einer neuen Untersuchung der strittigen Fragen ein langsames, aber tatsächliches Fortschreiten auf eine Übereinstimmung hin bedeutet. Es ist möglich, daß die Katholiken größere Korrekturen vornehmen müssen, denn ihre Geschichte ist stärker vom Dogmatismus belastet. Aber, Pater Bruckberger, wer ist es denn, der das Konzil und das Sekretariat für die Einheit verraten hat? Ich überlasse Ihnen ein solch riskantes oder sogar verwerfliches Vorgehen. Es handelt sich hier um einen ernsthaften und verantwortbaren Ökumenismus, nämlich den des Konzils. Und dieser ruht meiner Auffassung nach auf zwei Grundlagen: Gehorsam dem Geist Gottes gegenüber und Wahrheitsliebe.

Wer mit der ökumenischen Bewegung zu tun hatte, ist hier engagierten und hingebungsvollen Christen begegnet, und er kann nicht daran zweifeln, daß Gott in unserem für den Glauben so schwierigen Jahrhundert diese Bewegung hervorgerufen hat gleich einer gewaltigen Flut, die zurückgeht auf die Anziehungskraft eines höchsten Gestirns, nämlich des Heiligen Geistes, jenes „Unbekannten jenseits des Wortes" (H. U. von Balthasar), dem es eigen ist, Personen, Kräfte und Initiativen, die voneinander bislang nicht wußten, demselben Ziele zustreben zu lassen. Gewiß, dies geschieht durch Menschen und ist daher mit Schlacke und Doppeldeutigkeiten belastet. Etwas jedoch kommt von Gott. Nämlich die *Tatsache* des Heiligen Geistes, der meine Lernbereitschaft erweckt und mich damit ermächtigt, den Nichtkatholiken (Kardinal Journet würde von „Dissidenten" gesprochen haben) gegenüber eine andere Haltung einzunehmen als jene, die in der Vergangenheit amtlich verkündet und praktiziert wurde, auch von Autoritäten, die ich hochschätze.

In einem sehr gespannten Gespräch vom Februar 1939 griff mich Kardinal Baudrillart – seine späteren Positionen waren hier schon im Ansatz spürbar – heftig an: „Wie seid ihr Dominikaner, einst der Orden der Inquisition, heute zu Freunden der Protestanten und anderer geworden?" Ich antwortete aus einer tiefen Überzeugung heraus, die ich noch immer habe: „Es geschieht im Namen der gleichen Wahrheitsliebe, nur anders angewandt." Sie glaubten damals, die ganze Wahrheit zu besitzen, und was nicht mit ihrer festgelegten, definierten Orthodoxie übereinstimmte, mußte eliminiert werden („ex-terminiert" [= ausgerottet] sagte man im Sinne von: gebannt). Ich will jedes kleinste Teilchen Wahrheit, wo immer es sich auch findet, mit einer ähnlichen Sorgfalt aufnehmen, mit der ich ein Teilchen der konsekrierten Hostie aufnehmen würde. Das ist der theologische oder lehrmäßige Aspekt des Ökumenismus. Es gibt noch andere Aspekte, aber dieser bestimmt alles, und ihm vor allem bin ich persönlich verbunden. Er will zugleich zur Reinheit wie zur Fülle der Wahrheit gelangen. Wer aber wollte leugnen, daß sich bei den Protestanten zumindest Teile oder Elemente von Wahrheit finden? Wer wollte behaupten, wir hätten nichts zu gewinnen oder wiederzuerlangen? So bemühen wir uns in unaufhörlichem Gebet – denn der Ökumenismus wird von vielen Gebeten getragen – das Gebet Jesu zwischen Abendmahl und Kreuz zu verwirklichen: „damit sie eins seien, wie auch wir eins sind".

Unter Wahrung der Proportionen und, wie es im Lateinischen heißt, *positis ponendis*, kann Entsprechendes auch von den nichtchristlichen Religionen gesagt werden. Ihr Fall liegt sicherlich ganz anders, und das Konzil war in seiner Erklärung „Nostra aetate" vom 28. Oktober 1965 sehr zurückhaltend. Dort heißt es übrigens – und gerade auf diesem Punkt bestand Jean Daniélou mit Recht besonders: „Unablässig aber verkündigt die katholische Kirche und muß sie verkündigen Christus, der ist ‚der Weg, die Wahrheit und das Leben' (Jo 14, 6), in dem die Menschen die Fülle des religiösen Lebens finden, in dem Gott alles mit sich versöhnt hat" (Nr. 2, § 2).

3. *Ist die Konzilsdeklaration über die Religionsfreiheit eine Charta des Indifferentismus?*

Das war eine große Schlacht[43]. Die Minderheit, der auch Erzbischof Lefebvre zugehörte, hat um jeden Fußbreit gekämpft; sie hat ernsthafte Argumente entwickelt und Gegenvorschläge unterbreitet. Der Irrtum, so sagte sie, hat keine Rechte. Er wird in ungerechtfertigter Weise auf die gleiche Stufe mit der Wahrheit gestellt. Man wird die Aussagen des Syllabus Pius' IX. (DS 2901–2980) und anderer wichtiger Dokumente ins Gegenteil verkehren.

Das sind keine Argumente, die nicht ernst zu nehmen wären. Dennoch ist es verwunderlich, daß der Text – zumindest in der zuletzt vorgeschlagenen Fassung – so viele leidenschaftliche Auseinandersetzungen hervorgerufen hat. Was besagt er nun wirklich? Es ist falsch, zu behaupten, er verschweige das Recht Gottes, gehört zu werden und Gehorsam zu verlangen, sowie die dementsprechende Pflicht des Menschen, „die Wahrheit, besonders in dem, was Gott und seine Kirche angeht, zu suchen, und die erkannte Wahrheit aufzunehmen und zu bewahren" (Nr. 1 und Nr. 3, § 1; Nr. 14). Es ist falsch, zu behaupten, die Erklärung spreche nicht von der libertas Ecclesiae, jener der Kirche von Gott gegebenen Freiheit, das Evangelium zu verkünden und ihr kirchliches Leben zu leben (vgl. dazu die Nummern 10, 13 und 15, § 2). Die Aussage über die Religionsfreiheit lautet: „Daß alle Menschen frei sein müssen von jedem Zwang sowohl von seiten einzelner wie gesellschaftlicher Gruppen, wie jeglicher menschlichen Gewalt, so daß in religiösen Dingen niemand gezwungen wird, gegen sein Gewissen zu handeln, noch daran gehindert wird, privat und öffentlich, als einzelner oder in Verbindung mit anderen innerhalb der gebührenden Grenzen nach seinem Gewissen zu handeln. Ferner erklärt das Konzil, das Recht auf religiöse Freiheit sei in Wahrheit auf die Würde der menschlichen Person selbst gegründet, so wie sie durch das geoffenbarte Wort Gottes und durch die Vernunft selbst erkannt wird" (Nr. 2).

Es ist nicht zu bestreiten, daß dieser Text *materiell* etwas anderes sagt als der Syllabus von 1864 und sogar fast das Gegenteil der Sätze 15 und 77–79 dieses Dokuments (DS 2915, 2977–2979). Aber der Syllabus verteidigte damals eine zeitliche Macht, auf die das Papsttum unter Berücksichtigung einer neuen Situation 1929, beim Abschluß der Lateranverträge, verzichtet hat. Der historisch-soziale Kontext, in dem zu leben und zu sprechen die Kirche aufgerufen ist, war nicht mehr der gleiche, und man hatte aus den Ereignissen gelernt. Schon im 19. Jahrhundert hatten die Katholiken begriffen, daß die Kirche in der unerschütterlichen Überzeugung ihrer Gläubigen einen besseren Rückhalt für ihre Freiheit findet als in der Gunst der Regierenden. John Courtney Murray, dessen intellektuelle Redlichkeit und religiösen Charakter ich bewegt in Erinnerung rufe, hat gezeigt, daß von Leo XIII. bis Pius XI. und vor allem bis Pius XII. und Johannes XXIII. (vgl. die Enzyklika „Pacem in terris") die Päpste immer eindeutiger und entschiedener die Würde der menschlichen Person gegen Regierungen oder Maßnahmen, die diese einschränken wollten, verteidigt haben: So ist die Erklärung „Dignitatis humanae personae" die Weiterführung und gleichsam die Krönung einer kontinuierlichen Entwicklung[44]. Sie konnte mit Recht sagen: „Bei der Behandlung dieser Religionsfreiheit beabsichtigt das Heilige Konzil, zugleich die Lehre der neueren Päpste über die unverletzlichen Rechte der menschlichen Person wie auch ihre Lehre von der rechtlichen Ordnung der Gesellschaft weiterzuführen" (Nr. 1 Ende). Alles zentriert sich auf diesen Wert der Person. „Der Irrtum hat keine Rechte." In der Tat! Aber hier sind es Personen, die Rechtssubjekte sind, und jene, die sich im Irrtum befinden, verlieren dieses Recht nicht, das in ihrer Natur selbst begründet ist, nämlich in Gewissensfragen keinem Zwang zu unterliegen.

Es könnte befremden, daß eine so bescheidene Erklärung so viele Diskussionen hervorgerufen hat, wüßte man nicht, mit welchem Gewicht Jahrhunderte des Christentums selbst geniale Köpfe belasten können. Nicht alle haben den Gang der Geschichte und auch nicht die Positionen anerkannt, die Jacques Maritain in seinem Buch „Christlicher Humanismus"[45] vertritt. Jeder Katholik, auch Maritain (er befürwortete sogar das, was man die „indirekte Macht" der Kirche über die Gesellschaft nennt), ist der Meinung, daß das ganze soziale und individuelle Leben des Menschen der Herrschaft Gottes unterstellt und auf das Reich Gottes ausgerichtet sein muß. Die Frage ist nur, zu wissen, welche Art von Einwirkung oder Einfluß die Kirche auf die Gesellschaft als solche nehmen muß. Sie kannte in ihrer Geschichte eine Ausübung der Herrschaft durch Macht und Gewalt; damals konnte sie durch Gesetze und Polizeimaßnahmen Verstöße gegen ihre Anordnungen ahnden lassen. Dies führte zur Inquisition und, in einer letzten Episode im Frankreich Karls X., zum Blasphemie-Gesetz und dem von Odilon Barrot geführten Prozeß. Die Kirche wird nie aufhören, zu verkünden, daß Jesus der Herr ist, und ihr möglichstes zu tun, das Zeitliche auf Gott hin und Gott gemäß auszurichten. Aber in einer fortan pluralistischen Welt, die durch die Mobilität der Menschen und den Austausch der Informationen und Ideen zwangsläufig pluralistisch wird, in einer Welt vor allem, in der der eigentlich christliche Wert der Person sich als unverletzbar erwiesen hat, will die Kirche einen Einfluß ausüben durch Menschen auf Menschen vermittels ihrer Überzeugungen und kraft der Wahrheit selbst. „Einfluß", das heißt hier: wirkliche Aktivität ohne „Macht". Das ist die Stunde des Zeugnisses und der

Zeichen, die das Evangelium nennt und die aus einer uneingeschränkten Liebe hervorgehen.

Auf diese Form der Aktivität ist die Kirche schon vor geraumer Zeit übergegangen, aber dies geschah nicht überall im gleichen Maß. Manche halten die Sehnsucht nach einer Christianisierung der Welt durch Macht aufrecht, was Étienne Gilson die Sehnsucht nach einer neuen Taufe Chlodwigs nannte. Die Kirche des Zweiten Vatikanischen Konzils jedoch hat durch die Erklärung über die Religionsfreiheit sowie durch ihre Pastoralkonstitution „Gaudium et spes" über die Kirche in der Welt von heute (ein signifikanter Titel!) freimütig in dieser pluralistischen Welt unserer Zeit ihren Platz eingenommen und hat, ohne auf das zu verzichten, was sie an Großem besaß, die Ketten durchbrochen, die sie an die Ufer des Mittelalters gefesselt hätten. Man kann nicht an einen Augenblick der Geschichte *fixiert* bleiben.

Erzbischof Lefebvre spricht von der „Herrschaft unseres Herrn Jesus Christus über die Menschen, die Familien und die Gesellschaften". Hier meint man die Stimme Pius' X. und Pius' XI. zu hören. Die Frage ist nur, durch welche Mittel und unter welcher Form diese Herrschaft verkündet und herbeigeführt werden soll. Der zitierte Text, entnommen dem Brief vom 17. Juli 1976 an Paul VI., fährt fort: „Eure Heiligkeit liefert Ihre richtige Auffassung trügerischen Ideen aus, die zu Idolen des modernen Menschen geworden sind: Freiheit, Gleichheit, Brüderlichkeit, Demokratie." Wir vermuten, daß demnach die Herrschaft Christi auf dem Weg eines Widerrufs, einer Aufhebung der Demokratie errichtet werden müßte (und warum nicht des Edikts von Nantes?). Die am 29. August 1976 in Lille gehaltene Rede jedoch zeigt die Dinge deutlicher und positiv. Das konkrete Modell ist Argentinien:

„... nehmen Sie beispielsweise die Republik Argentinien. In welchem Zustand war sie noch vor erst zwei, drei Monaten. Eine vollkommene Anarchie ... Straßenräuber, die wahllos töteten, völlig ruinierte Industrien, die Fabriksdirektoren eingekerkert oder als Geiseln festgehalten ...

Jetzt dagegen herrscht dort eine Regierung der Ordnung, eine Regierung, die Prinzipien hat, eine Autorität, die ein wenig Ordnung in die Angelegenheiten bringt, die die Straßenräuber daran hindert zu töten, und nun nimmt die Wirtschaft auch wieder einen neuen Aufschwung, jetzt gibt es wieder Arbeit, und die Arbeiter können nach Hause zurückkehren in dem Wissen, daß sie nicht von irgend jemandem totgeschlagen werden, der sie gegen ihren Willen zum Streik zwingen will."[46]

Aber in Argentinien setzt ein blutiges Regime seine Gegner physisch unter Druck. Wer ist damit einverstanden?

4. Wahrer und falscher Begriff von Tradition

Hier sind wir nun zu einem entscheidenden Punkt gelangt. Lefebvre beruft sich immer wieder auf die Tradition. Er sagt zum Papst: Geben Sie der Erfahrung der Tradition Raum. Sofern dies nur bedeutete: laßt uns Priester nach den herkömmlichen und erprobten Regeln, aber unter Annahme des Konzils und der von ihm eingeleiteten Reformen, ausbilden, dann ergäbe sich daraus kein Problem, jedenfalls kein prinzipielles Problem. Man könnte eventuell sogar einräumen, daß eine solche Ausbildung dem Konzilsdekret vom 28. Oktober 1965 „Optatam totius" über die Priesterausbildung gut entspricht. Aber nicht das ist es, was Erzbischof Lefebvre fordert. Für ihn ist Tradition das, was er „das ewige Rom", „die zeitlos gleiche Messe" bezeichnet, also das Rom bis Paul VI. ausschließlich, bis zum Meßbuch von 1969 ausschließlich.

Dennoch befindet sich in seinem Text vom 2. August 1976 ein umfänglicher Abschnitt über die Tradition, der die härteste Zurückweisung des Konzils und des Papstes zum Ausdruck bringt: „Die katholische Kirche ist eine mystische Wirklichkeit, die nicht nur im Raum, auf der Oberfläche der Erde, sondern auch in der Zeit und der Ewigkeit besteht. Damit der Papst die Kirche repräsentieren kann, darf er mit ihr nicht nur im Raum eins sein, sondern muß es auch in der Zeit sein, *weil die Kirche wesensmäßig eine lebendige Tradition ist.*"[47] Hier möge man einem Mann, der drei umfangreiche Werke über die Tradition veröffentlicht hat[48], gestatten, diese letzten Worte hervorzuheben und folgende Fragen zu stellen:

Ist das Leben, dessen erhabener Urheber der Heilige Geist ist, 1962 in der Kirche erloschen? Gibt es dieses Leben nicht mehr in der katholischen Gemeinschaft, einer Gemeinschaft, die von 2500 – um den Nachfolger Petri gescharten – Bischöfen bestätigt wird? „Securus iudicat orbis terrarum", sagt Augustinus in einem berühmten Text: der gesamte Erdkreis ist ein gutes Kriterium.

Wenn Erzbischof Lefebvre sich immer wieder auf

die Messe Pius' V. (1570) und auf die Katechismen des Tridentinischen Konzils (1566) und Pius' X. (1912) beruft, legt er dann nicht die Tradition auf Formeln der Vergangenheit fest, die zweifellos heilig und gültig sind, die aber doch *auf der Ebene der Formulierung* kein Hinderungsgrund sein können, nach einer besseren Anpassung an die Bedürfnisse unserer Zeit zu suchen? Natürlich darf diese Anpassung, das aggiornamento, den Glauben nicht verraten. Möglicherweise ist dies bei der einen oder anderen desorientierten Initiative der Fall – wir werden darauf zurückkommen –, aber es gibt keinen ernsthaften Grund, dies vom Konzil selbst oder vom Meßbuch Pauls VI. zu behaupten.

Da die Kirche Tradition ist, Weitergabe dessen, was sie einmal für alle Zeiten empfangen hat (Offenbarung, Sakramente, Amt), ist es begreiflich, daß eine aufrichtige katholische Treue an der einen oder anderen Form dieser Tradition hängt, Temperamente, die kategorische, präzise Aussagen lieben, werden Formen begünstigen, die diesem Bedürfnis entsprechen. Aber der große Strom der Tradition ist doch breiter als ein geradliniger Kanal mit zementierten Ufern. Die Tradition der Väter ist reicher als jene, deren Inhalt das Heilige Konzil von Trient (der Pfarrer meiner Kindheit pflegte diesen Ausdruck zu verwenden) angesichts der Reformation fixiert hat. Der Heilige Geist hat die Kirche seit 1962 oder 1965 nicht verlassen! Seien wir umfassend „katholisch" mit, ja, mit der zeitlos gleichen Kirche, jener des Zweiten Vatikanischen Konzils wie jener von Trient und Nicäa, jener Pauls VI. wie jener Pius' V. und des heiligen Papstes Marcellus († 309)!

3
Die gegenwärtige Krise

Sie besteht wirklich. Wir wußten darum. Durch die umfangreiche Post, die wir im Anschluß an einen Artikel über Ecône[49] erhielten, ist uns deutlicher bewußt geworden, daß in breiten Schichten der gläubigen Laien ein tiefes Unbehagen vorhanden ist. Ich bin sicher nicht der einzige, für den der Fall Ecône-Lefebvre wenigstens das eine Gute hat, deutlicher und pointierter diese Aspekte einer Krise wahrzunehmen, über die wir doch auch schon nachgedacht hatten.

1. Ist das Konzil dafür verantwortlich?

Auf die in dieser Allgemeinheit gestellte Frage muß ein entschiedenes Nein folgen. Würde man dem Konzil, seiner Dogmatischen Konstitution „Dei Verbum" über die göttliche Offenbarung, seinen Dekreten über die Ausbildung der Priester und über Dienst und Leben der Priester, über das Laienapostolat, kurz allen seinen Regelungen folgen, so gäbe es *diese* Krise nicht. Man widerspricht uns und führt das Beispiel der polnischen Kirche an: doch diese wäre wahrscheinlich sehr betroffen, würde man sie verdächtigen, sie halte sich nicht an das Konzil. Allerdings treibt sie, anders als wir, keinen Mißbrauch mit den Erleichterungen und der Freiheit. Vielleicht waren wir zu optimistisch, als wir ungestüm nach vorne drängten. Vielleicht entsprachen bestimmte Dokumente schon nicht mehr der Wirklichkeit? Aber müßten sie sich in ihrer Kritik nicht zurückhalten, jene Eltern, die ihren Kindern eine offene, soziale und großzügige christliche Erziehung gaben und die feststellen müssen, daß diese nun die kirchliche Trauung ablehnen, ihre Kinder nicht mehr taufen lassen und einem Weg folgen, den Bernard Besret als Abweg bezeichnen würde?

„Man beurteilt einen Baum nach seinen Früchten"... Aber täuscht man sich hier nicht über den Baum? Sind denn dies die Früchte *des Konzils?* Muß man ihm nicht im Gegenteil einige gute Ergebnisse bescheinigen? Denken wir doch an die vielen schönen Eucharistiefeiern, an die Ausbreitung des Wortes Gottes, an die Lebendigkeit der Ortskirchen, an das erneuerte Gewissen der sozialen Verantwortlichkeiten, die missionarische Öffnung zu den „Fernstehenden", die Bemühung, sich den Menschen unserer Zeit verständlich zu machen.

Aber wir leugnen auch nicht, daß das Konzil in dem, was schließlich zur Krise führte, eine gewisse Rolle gespielt hat, und zwar unter vier Aspekten:

1. Es gab Diskussion. Dies ist bei allen Konzilien der Fall; diesmal jedoch wurden die Diskussionen unter die Leute gebracht, sie hatten ihre Rückwirkungen und wurden zuweilen auch überzeichnet. Man hat die einigermaßen fiktive Vorstellung einer monolithi-

schen und sicheren Kirche, die auf alles eine Antwort weiß, verloren. René Raymond schreibt dazu: „Es sind nicht die Stellungnahmen des Konzils, die die Krise erzeugt haben. Es ist einfach die Tatsache, daß ein Konzil abgehalten wurde, das eine tiefgreifende Veränderung in der inneren Organisation der Kirche und im System ihrer Beziehung nach außen ausgelöst hat."[50]

2. Die Kirche hat Fenster und Türen geöffnet. Neue Luft ist eingedrungen. Dies ist sehr wichtig: an dieser Stelle wollen wir jedoch nicht darauf eingehen, weil wir später noch einmal darauf zurückkommen müssen.

3. Durch die Freimütigkeit und Offenheit seiner Debatten hat das Konzil dem ein Ende gesetzt, was man die Absolutheit, die Unbedingtheit des Systems nennen könnte. Unter „System" verstehen wir hierbei ein zusammenhängendes Ganzes, bestehend aus festgelegten Lehren, aus Handlungsregeln, die in einer Kasuistik präzisiert sind, aus einer bis ins einzelne festgelegten und stark hierarchisch gegliederten Organisation, aus Vorgängen der Kontrolle und Überwachung, aus genauen Rubriken zur Regelung des Kultes; all dies ist uns aus der Scholastik, der Gegenreformation, der katholischen Restauration des 19. Jahrhunderts überkommen und unterliegt einer strengen Regelung durch Rom. Es wird berichtet, Pius XII. habe gesagt: „Ich werde der letzte Papst sein, der dies alles aufrechterhält." Und in der Tat hat Johannes XXIII., ein Priester von klassischer Frömmigkeit, dem Papsttum ein ganz anderes Gesicht gegeben. Die große Umwälzung des Konzils, die Begegnungen,

die Information über sehr viele Fragen, die notwendige Weiterführung eines „aggiornamento" haben das Ende dessen herbeigeführt, was wir die Unbedingtheit des Systems genannt haben. Aber letzterem trauern viele nach...

4. Es ist unredlich, die Tatsache, daß das Konzil sich als „pastoral" verstanden und auch erklärt hat, dazu zu mißbrauchen, ihm nun vorzuwerfen, es sei nicht doktrinal gewesen. Diese falsche Beschuldigung wurde widerlegt, und zwar bereits in der ersten Periode des Konzils. Aber es ist auch etwas Wahres an der Bemerkung von Bischof Graber[51]: durch seinen „pastoralen" Charakter, seinen Stil der großen Perspektiven, ohne präzise Anathemata konnte das Konzil natürlich Bewegungen begünstigen, die dann über es hinauswuchsen. Man spricht mit Recht von einer „Dynamik des Konzils"; aber man bezieht sich mitunter mit allzu großer Unbesorgtheit darauf.

2. *Die Krise als innerkirchlicher Widerhall auf einen gewaltigen kulturellen Umbruch und eine allzu lange andauernde Verdrängung kritischer Fragen*

Das ist, in meiner Sicht, das Wichtigste. Mit einem Wort: in der modernen Welt, gegen die sich eine im Zustand der Verteidigung befindliche Kirche allzulang abgeschirmt hat, haben sich Fermente der Kultur und des gesellschaftlichen Lebens entwickelt, die nun wie ein Wirbelwind durch die offenen Türen eingedrungen sind, und dies genau zu dem Zeitpunkt, da sich in der Welt ein gewaltiger Umbruch vollzieht, den gegenwärtig noch niemand zu meistern vermag. Wir werden an anderer Stelle in Kürze dazu die wünschenswerte Dokumentation vorlegen. Hier greifen wir nur die wichtigsten Elemente dieser globalen und folgenschweren Behauptung auf, um sie verständlich zu machen.

Was immer man auch sagen mag, es existiert eine moderne Welt: ob man ihre Heraufkunft nun mit dem 16. Jahrhundert (Renaissance, Reformation, die eigens behandelt werden müßte), in den Jahren um 1680 (wie bei Paul Hazard in seinen stets informativen Büchern[52]), oder im 18. Jahrhundert mit „der Aufklärung" ansetzt, ist nebensächlich. Zwischen diesen Zeitpunkten vollzieht sich eine kontinuierliche und auf jeden Fall kohärente Bewegung. Kant definierte 1784 die Aufklärung folgendermaßen: „Ausgang des Menschen aus seiner selbst verschuldeten Unmündigkeit. Unmündigkeit ist das Unvermögen, sich seines Verstandes ohne Leitung eines anderen zu bedienen."[53] Auf der Grundlage einer ganzen Reihe von Untersuchungen, Problemstellungen und richtungsweisenden Arbeiten wurde die Erklärung der Wirklichkeit nun nicht mehr oben, im Himmel, sondern unten, in den Dingen selbst und im Menschen gesucht und oft auch gefunden. Der Mensch ist zum Mittelpunkt und Maß aller Dinge geworden. Mit und nach der Französischen Revolution hat die Bewegung, die zunächst nur die gebildeten Klassen betraf, ihren gesellschaftlichen Ausdruck gefunden. Daniel-Rops betitelt sein Buch über diese Epoche – nach „Das Zeitalter der großen Erschütterungen" – „Die Kirche der Revolutionen"[54]. In Wirklichkeit sind die Jahre 1830, 1848, das Kommunistische Manifest von Marx, die

Kommune von 1871 und die Arbeiterbewegung nur die Antwort auf eine unmenschliche Industrialisierung.

Es ist klar, daß die Kirche weder die Behauptung, der Mensch sei das Maß des Menschen, noch die rationalistische Zurückweisung jeglicher transzendenter und übernatürlicher Wirklichkeit akzeptieren konnte. So führte sie einen harten „Kampf für Gott". Durch furchtbare Angriffe und durch Geheimgesellschaften mitunter bis an den Rand ihrer physischen Existenz in diesen Prozeß hineinverwickelt, hat die Kirche sich wie in einer belagerten Festung eingeschlossen, mit versperrten Türen und aufgezogenen Zugbrücken; zugleich aber betrieb sie eine machtvolle Restauration ihrer inneren Kräfte und eine ganz außerordentliche missionarische Expansion. Sie hat sich aber nicht nur dem widergöttlichen Anthropozentrismus verschlossen, sondern auch wirklichen Problemen und authentischen Errungenschaften des Geistes. Was hatte Pius IX., der das längste Pontifikat der Geschichte innehatte, zu so vielen Fragen zu sagen, die diese Zeit geprägt haben: Arbeiterbewegung, Kommunismus, Kolonialismus, historische und biblische Kritik usw.? Wohl gab es Leo XIII., aber seine in gewissen Bereichen tatsächlich vorhandene Offenheit war doch nicht so groß, wie sie gelegentlich geschildert wurde. Zweifellos war der Modernismus, der sich gegen Ende seines Pontifikats ankündigte, zurückzuweisen, aber er stellte doch auch wirkliche Fragen, die nicht gelöst wurden, und man hat ihn in einem gewissen Ausmaß mit Strömungen, wie der Philosophie Maurice Blondels oder der Bibelforschung

M.-J. Lagranges, in Verbindung gebracht, die – außer ihrer Gleichzeitigkeit – nichts mit ihm zu tun hatten. Riskiert die Kirche nicht, so als belagerte Festung, eingeschlossen und in Defensivhaltung, ähnlich den Indianern in der amerikanischen Zivilisation, ein zwar geschütztes, aber abgetrenntes Reservat zu werden? Dieses Risiko wurde nicht augenscheinlich, weil die Kirche eine große innere Lebenskraft besaß und durch ihre Schulen und Werke sowie durch ihre Laien (die A.C.J.F. [Französische Katholische Jugend] von Albert de Mun, die „Aktion der Katholiken" unter Pius X., die „Katholische Aktion" Pius' XI.) in der Gesellschaft eine Stimme hatte. Dennoch blieb die Kirche abseits, mit der Absolutheit ihres Systems, von dem wir bereits gesprochen haben.

Die Schleusen wurden hochgezogen und das Wasser flutete in wildem Strudel herein. Das Eis ist geschmolzen, und dies war der Einbruch eines überstürzten Tauwetters. Fenster und Türen wurden geöffnet, und der Wind hat sich darin verfangen. Das sind nur Bilder, zweifellos zu einfach und überzeichnet. Wir könnten zeigen – wir haben darüber eine kleine Akte angelegt –, daß viele der heute mehr oder weniger im Vordergrund stehenden Bewegungen sich bereits in den 50er Jahren angekündigt haben: Abnahme der geistlichen Berufe, spontane Gruppenbildung, liturgische Reformen, philosophische Problemstellungen, die sogenannte „neue Theologie", ökumenische Bewegung, zunehmende Verbreitung existentieller Haltungen, die der Autonomie und Spontaneität des Individuums den Vorrang gaben, usw. All dies war auch schon in einer disziplinierten Kirche ansatzweise vorhanden. Es gab darin zuviel Wahres und Notwendiges, zu viele Werte, die von der allgemeinen Entwicklung gefordert wurden, als daß diese neuen Strömungen nicht ihren Lauf genommen hätten. Als nach dem roten und gelben Licht das Konzil Johannes' XXIII. die Ampel auf Grün stellte, weiteten sich die Strömungen in der Kirche aus. Der Rhein mußte nicht in den Tiber münden, wie Ralph M. Wiltgen eines seiner Bücher betitelt hat [55]. Es genügt schon, daß die Kirche, das auf dem Weg der Menschheit pilgernde Volk Gottes, aus ihrem Getto heraustrat und den vollen Dialog mit der Welt aufnahm.

Und welcher Welt? Sie befindet sich mitten im Wandel. Dies hat die Kirche des Konzils verstanden: die Einführung zur Pastoralkonstitution „Gaudium et spes" skizziert diesen Wandel, aber sie datiert bereits aus dem Jahr 1965. Seither haben wir eine hektische und wahnwitzige Urbanisierung erfahren, haben den Mai 1968, die Revolte der Jugend, erlebt. In diesem Monat ist – wie J.-L. Barrault sagt – der Sturm auf Paris niedergegangen, aber er kam schon von weit her, und er liegt noch immer über dem Land. Diese Revolte ist ein weltweites Faktum, das sich mit einer Verschiebung von einigen Monaten in Tokio, Los Angeles, Santiago nicht anders als in Paris, Rom und sogar Warschau ereignete. Sie ist Kritik an allem, was Institution, „establishment", ist, an allem, was sich den Menschen, ohne daß sie einen Einfluß darauf nehmen können, aufzwingen will. Aber sie ist noch etwas anderes: nämlich das Bedürfnis, sich selbst wiederzufinden, der Vorrang der Zukunft vor der Vergangenheit, der

Taumel des Glücks, das der Transzendenz nicht bedarf, sexuelle Befreiung, Auseinandersetzung mit den tragischen Ereignissen der Welt, Abscheu vor und Kritik an den Herrschaftsstrukturen. Und was ist zum Einfluß der Geisteswissenschaften auf die religiöse Reflexion zu sagen? Es bestehen wirkliche Fragen, die nicht mit einem Achselzucken zu lösen sind. Wir wollen hier keine logisch vorgehende und vollständige Analyse geben. Aber es ist gerade diese Welt, mit der wir es zu tun haben. Ich habe oft nach Vorträgen bei der Diskussion folgende Art von Kritik gehört: Es scheint, daß die Seminaristen so und so sind ..., dies und jenes tun ... Darauf meine Gegenfrage: Monsieur, Madame, und was machen Ihre Kinder? – Ach, unsere Kinder, die lehnen sich auf! – Wie schade! Die unseren sind genauso; Ihr Junge könnte Seminarist sein ...

Das Ergebnis ist sehr oft ein Bruch mit der Vergangenheit, der sehr leicht auch zu einem Bruch mit der Tradition werden kann. Das jedoch können wir nicht akzeptieren. Ein Historiker wie Pierre Chaunu[56] hört nicht auf zu betonen, daß der Mensch sich seiner Zukunft nur dann stellen kann, wenn er seine Vergangenheit annimmt. Das ist sehr richtig, in der Terminologie der Geschichte ausgedrückt. In theologischen Begriffen ist es die Tradition, von der gesprochen werden muß. Tradition ist nicht Vergangenheit, sind nicht alte Gewohnheiten, an denen aus Korpsgeist festgehalten wird. Sie ist Aktualität, ist zugleich Weitergabe, Aufnahme und Kreativität. Sie ist Gegenwart eines Prinzips zu jedem Zeitpunkt seiner Entwicklung. Wir akzeptieren den Bruch nicht. Die Kirche erneuert sich unaufhörlich durch die Gnade des Heiligen Geistes, aber von ihren eigenen Wurzeln her und durch die beständige Gegenwart des Saftes, der aus ihnen aufsteigt. Ich denke hier an das schöne Wort von Gertrud von le Fort: „Der Mensch muß Erde unter seinen Füßen haben, ansonst verdorret sein Herz.“[57]

3. *Bedauerliche Fehler, unannehmbare Anarchie*

Wir sind nach wie vor der Meinung, daß die Hauptursache der gegenwärtigen Krise in der Härte liegt, mit der die Fragen, Kämpfe und Veränderungen, welche die gesamte Gesellschaft kennzeichnen, auf das Volk Gottes aufprallen. Freunde, wie etwa Gérard Soulages oder André Piettre, haben uns vorgeworfen, wir würden die Mißbräuche bzw. die Verfehlungen gegen die katholischen Vorschriften im Bereich der Meßfeier, der Katechese, der Predigt und der Seelsorge minimalisieren. Unsere Reaktion entsprang der Weigerung zu verallgemeinern. Wir bestreiten keineswegs, daß Fehler gemacht wurden, aber da wir um so zahlreiche loyale Bemühungen wissen und so viele untadelige Priester kennen, haben wir globale Formulierungen von der Art wie: „*die Priester* glauben nicht mehr an ...“, „*man* predigt nicht mehr über die Sünde, die Gnade ...“, „*man* zerstört den Glauben unserer Kinder ...“ zurückgewiesen. Solche Anschuldigungen erschienen und erscheinen uns durch ihre Unbestimmtheit und Verallgemeinerung äußerst ungerecht[58]. Außerdem will uns scheinen, daß sie sich weigern, in der gegenwärtigen kritischen Situation den entscheidenden Einfluß der weltweiten Krise der

Zivilisation und der Gesellschaft auf die Kirche sowie jenen der wirklichen Fragen und objektiven Schwierigkeiten, die den Glauben der Menschen belasten, in Rechnung zu stellen.

Durch das Drängen unserer Freunde wie auch durch die Korrespondenz, die wir nach der Veröffentlichung unseres Artikels in „La Croix“ erhielten, ist uns das Unbehagen deutlicher bewußt geworden, das bei vielen Katholiken aufgrund gewisser anfechtbarer Vorstellungen, aufgrund des Niveaus der Meßfeiern, der Predigten und der Katechese ausgelöst wurde. Das Drama dieses Sommers zwischen Erzbischof Lefebvre einerseits und dem Papst und den Bischöfen andererseits könnte den einen Vorteil haben, daß dieses Unbehagen zahlreicher Gläubiger nun ernster genommen wird. Lefebvre hat ihnen in gewisser Weise eine Stimme gegeben, auch wenn sie die Art ihres Denkens nicht wirklich wiedergibt. Nicht alle ihre Klagen sind gleichermaßen schwerwiegend. Man kann sie vielleicht in drei Kategorien unterteilen.

1. Bei manchen handelt es sich einfach um eine Allergie gegen jede Änderung. Sie haben schon damals, als Pius XII. die Feier der Karwoche reformierte und die Feier der Osternacht wieder einführte, gesagt: Man verändert unsere Religion! Das natürliche und in sich zu respektierende Bedürfnis, in der Religion Sicherheit zu suchen, wird hier zum Bestreben, altvertraute Gewohnheiten beizubehalten: man fühlt sich wohl dabei. Es kann sich dabei aber auch um in sich lobenswerte Dinge handeln, die jedoch eine wenig erleuchtete affektive Empfindsamkeit verletzen: dann kommt es zu Beschwerden darüber, daß man bei-

spielsweise Martin Luther King („diesen Häretiker!") lobend erwähnt, oder darüber, daß eine Frau ohne die in vielen Ländern übliche Kopfbedeckung am Ambo einen Text vorliest, oder auch darüber, daß Jugendliche eine Messe mit einer Jazzband begleiten.

2. Unter den angeführten und angeprangerten Tatsachen sind einige nichts weiter als bedauerlich und nicht in sich wirklich schwerwiegend. So etwa, wenn ein Priester vor der Meßfeier im Rollkragenpullover oder im Freizeithemd im Kirchenschiff Erläuterungen gibt. Ich will nicht sagen, daß dies ganz in Ordnung sei, aber es ist doch kein Grund, hier seinen Zorn abzureagieren! Dagegen legen wir Wert darauf, daß ein Priester zur Meßfeier, auch wenn sie in einem Privathaus stattfindet, eine Kleidung anlegt, die ihn nicht nur als einen Herrn XY, sondern als einen Priester Christi und der Kirche ausweist. Das Minimum eines Zeichens seiner Funktion ist die Stola.

Ein anderes Beispiel: Ein Priester oder sogar Bischof erklärt rundweg: die Kirche von heute ist keine Rechtskirche mehr, sondern eine mystische Wirklichkeit. Diese Aussage ist zu undifferenziert und bedarf, weil ganz und gar Hypothese, erst einer Erklärung; falsch gedeutet, könnte sie falsche Vorstellungen begünstigen.

3. Es bleiben die objektiv bedauernswerten und tadelnswerten Fehler. Sie betreffen vor allem: a) die Liturgie, b) die Theologie oder Katechese und c) eine gewisse Politisierung.

a) Man verweist auf eine gewisse liturgische Anarchie. Unser Mitbruder, P. Auvray, analysierte fünf Veröffentlichungen, die insgesamt 103 Formulare für den Kanon (das eucharistische Hochgebet) anführten, von denen das eine oder andere, wie er sagt, den Glauben der Kirche nicht voll zum Ausdruck bringt[59]. Ein anderer Mitbruder, P. Bruckberger, nimmt den gleichen Vorwurf in „L'Aurore" vom 29. Juli 1976 wieder auf; in seiner Chronik vom 19. August 1976 sind es sogar 300 Formulare. Das ist wirklich zuviel. Es ist richtig, daß in der Urkirche das eucharistische Hochgebet nicht in einem bestimmten Text festgelegt war. Um 150 sagt Justin, daß der Gemeindevorsteher (griechisch der proestôs) „Gebete und Danksagungen (= das eucharistische Hochgebet) spricht" (Plural!)[60]; aber Louis Bouyer hat gezeigt, daß die frühe liturgische Kreativität schon ziemlich festgelegten Vorbildern folgt[61]. Ein eucharistisches Hochgebet muß jedenfalls den Glauben der Kirche zum Ausdruck bringen und je nach der am besten eingeführten Tradition eine Danksagung für die Wohltaten der Schöpfung und der Erlösung, eine Epiklese (Anrufung des Heiligen Geistes), den Einsetzungsbericht sowie die Anamnese (Gedächtnis der Erlösungstaten von der Passion bis zur Verherrlichung Christi) beinhalten. Da es sich um eine Meßfeier der Gemeinde handelt, haben die Gläubigen das Recht, in ihr das zu finden, was sie erwarten, ohne durch eine unangebrachte Neuerung überrascht oder gar traumatisiert zu werden.

Mehrere Korrespondenten verweisen vor allem auf die Meßfeiern des Verbands katholischer Arbeiter (A.C.O.) an der Porte de Versailles oder in jüngerer Zeit auf jene der katholischen Arbeiterjugend (J.O.C.). Ich will nichts verteidigen, was möglicherweise nicht vertretbar ist. Ich habe an keiner dieser Meßfeiern teilgenommen. Aber ich lebe auch nicht unter den Bedingungen eines Arbeiters. Angesichts dieses oder jenes Standpunktes, dieser oder jener Erklärung habe ich mich deshalb oft eines Urteils enthalten, weil ich mir sagte, daß ich in dieser Situation vielleicht das gleiche sagen oder tun würde...

b) In der Bittschrift, die mehrere französische Schriftsteller (Michel Ciry, Michel Droit..., Gustave Thibon) am 8. August 1976 an den Heiligen Vater gerichtet haben, heißt es: „Die Gläubigen erkennen ihre Religion in einer bestimmten neuen Liturgie und neuen Seelsorge nicht wieder. Noch weniger finden sie diese in dem Katechismus, den man nun ihre Kinder lehrt, in der Geringachtung der Grundwerte der Moral, in den Häresien, die anerkannte Theologen aussprechen, in der Politisierung des Evangeliums." Welche Häresien? Welche anerkannten Theologen? Nicht zur Katechese, für die wir nicht kompetent genug sind[62], aber zur Theologie, mit der wir uns doch sehr viel befassen, wollen wir drei Dinge sagen: 1. Es gab Übertreibungen, anfechtbare und sogar verwerfliche Veröffentlichungen. Es gab sie, in kleiner Zahl. 2. Sie wurden kritisiert, sei es durch andere Theologen, sei es durch die zuständigen Bischöfe[63]. Wir persönlich legen großen Wert auf Kritik der Theologen durch Kollegen, wir selbst kritisieren und werden kritisiert! 3. Es bestehen wirkliche und schwierige Fragen, und die Theologen müssen den Mut haben, auf sie einzugehen. So etwa Fragen über Wissen und Bewußtsein Christi, über die Weise, in der von seiner Auferstehung zu reden ist, oder über die Probleme der

Sexualität, bei denen es wahrlich nicht genügt, nur die alten Aussagen zu wiederholen. Theologen sind in ihren Aussagen für sich selbst verantwortlich. Eine Kritik ihrer Erörterungen ist nicht nur legitim, sondern nützlich. Sie darf aber nicht übereilt, tendenziös oder maßlos sein, da sie sonst vielleicht eine notwendige Untersuchung verhindern und deren wahre Intention gar nicht verstehen würde. Es ist auch möglich, daß ein unvollkommener Gedanke große Reichtümer enthält; dann wäre es sehr schade, wenn er unterdrückt würde. Teilhard de Chardin ist dafür ein Beispiel.

c) Was die Politisierung betrifft, so ist sie ein Faktum. Wir halten sie für sehr riskant, aber man kann nicht von ihr sprechen, ohne sie genauer zu betrachten.

Immer wieder wird der Vorwurf laut, „die Priester" (wieder eine Verallgemeinerung!) verkündigten nicht mehr die Geheimnisse des Glaubens, sondern sprächen von Vietnam, von Chile, von Streiks, Gewerkschaften ... Die vormaligen Bewegungen der Action catholique, oder jedenfalls die der Kirche, seien zu Filialen der Sozialistischen Parteien (P.S.U. oder P.S.) geworden. In der Tat übernehmen z.B. sogar ganze Equipes von Ausbildern *als solche* die „sozialistische Option", ganz zu schweigen von der Organisation „Vie Nouvelle", die keine Bewegung der Kirche (mehr) ist, oder von der katholischen Landarbeiterbewegung (M.R.J.C.), bei der es Mitglieder gibt, die den Marxismus als Instrument der Gesellschaftsanalyse einsetzen. Man kann kaum bestreiten, daß eine Anzahl von Katholiken Elemente des Marxismus übernommen hat, sei es nun als Methode der Gesellschaftsanalyse oder der Geschichtsanalyse, sei es als Anweisung für revolutionäre Praxis. Ein Pfarrer, ein Dekan haben uns zwar versichert, daß dies nur die Intellektuellen, jene, die Bücher schreiben und Vorträge halten, und nicht die Basis betreffe. Aber sind nicht gerade diese auch die treibenden Elemente?

Unabhängig davon klagt man die nachkonziliare Kirche an, sich der Welt zugewandt zu haben. Die Stimme Jacques Maritains[64] ist nun allerdings von der sehr viel schärferen Maurice Clavels abgelöst worden. Dieser zitiert immer wieder einen Abschnitt aus der Rede, die Paul VI. zum Abschluß der vierten Sitzungsperiode des Konzils (7. Dezember 1965) gehalten hat; aber er löst sie aus ihrem Kontext und bringt sie ohne die Anspielungen, durch die ihr wahrer Sinn erst deutlich wird: „Die Religion Gottes, der Mensch geworden ist, traf auf die Religion (denn es ist eine) des Menschen, der sich zu Gott gemacht hat. Was ist eingetreten? Ein Schock, ein Kampf, ein Anathema? Das wäre möglich gewesen, aber es hat nicht stattgefunden ... Auch wir, und wir mehr als jeder andere, haben den Kult des Menschen ..." Von hier ausgehend will Abbé G. de Nantes, der am Denken Maurras geschult ist, gegen Papst Paul VI. einen Häresieprozeß anhängig machen. Der Kontext dieser Aussage Pauls VI. ist der des „Humanisme intégral" Maritains aus dem Jahr 1935. Der Heilige Vater spricht vom Menschen, der nach dem Bilde Gottes gemacht und zur Gemeinschaft mit Gott berufen ist. Aber wir bestreiten nicht, daß heute bei den Katholiken eine Gefahr besteht, die transzendenten Dimensionen auf jene der Welt, auf den Menschen in seiner geschichtlichen Existenz zurückzuführen. Das hat seine Auswirkungen bisweilen bis in die Liturgie: Bis vor kurzem kannten wir ein „Ehre sei Gott in der Höhe", das nun umgewandelt wurde zu einem Lobpreis auf jenes Wunderwerk, das wir selbst sind.

Wenn es eine Abweichung gibt, so ist diese nicht aus einem Verrat entstanden, sondern aus dem Willen, die Forderung des Evangeliums nach Liebe und dem Dienst am Menschen im Sinne von Matthäus 25,21–46 zu leben: „Ich war hungrig..., ich war nackt..." Die Christen haben mit anderen die tatsächlichen und praktisch anwendbaren Forderungen dessen entdeckt, was André Neher in seinem Amos-Kommentar als Bundesgerechtigkeit bezeichnet[65]. Die Laien, die aufgefordert sind, die Sendung der Kirche in der Welt mitzutragen, stellen zwangsläufig Fragen und wollen die Sprache ihrer Verpflichtungen sprechen. Daher versteht ein Teil des Volkes Gottes, Gläubige wie auch Priester, sein Christentum nicht ohne gewerkschaftliches und politisches Engagement, das praktisch nach links orientiert ist. Aber ein großer Teil des gleichen Volkes Gottes verwirft diese Orientierung und beschuldigt die anderen, „Politik zu betreiben".

Die Erfahrung zeigt, daß eine solche Beschwerde gegen die anderen genau dann artikuliert wird, wenn diese eine der eigenen Entscheidung entgegengesetzte oder davon verschiedene Option treffen. Eines der großen Schlagworte von heute lautet, daß alle Welt Politik mache; wer vorgibt, keine Politik zu machen, tut es doch zumindest in dem Sinne, daß er für den status quo ist[66] ... Man sagt mitunter: Alle Menschen sind gleich, aber manche sind es mehr als die anderen! Könnte man nicht auch sagen: alle machen Politik, aber manche machen mehr Politik als die anderen? Tatsache ist hier jedenfalls folgendes: wie die Krise der Kirche ihre Ursache vor allem in dem Aufprall der allgemeinen Krise der Zivilisation und der Gesellschaft auf die Kirche hat, so findet auch die Opposition zwischen Rechts und Links in der Kirche ihren Widerhall. Im Grenzfall gäbe es also zwei Kirchen, weil es zwei Auffassungen vom Glauben und dem Gott geschuldeten Kult gäbe: einen dogmatischen Glauben, einen Glauben der Ortho*doxie,* und einen Glauben der Praxis in der Geschichte, einen Glauben der Ortho*praxie;* einen zeremoniellen, priesterlichen Gottesdienst und einen Gottesdienst der irdischen Gerechtigkeit im Geist der Propheten[67] ...

Eine solche Aufspaltung können wir natürlich nicht akzeptieren. Die Tatsache, daß sie auch die protestantischen Kirchen beträfe, daß sie in die ökumenische Bewegung eine Unterscheidung einbrächte zwischen einem theologischen Ökumenismus und einem säkularen Ökumenismus, der häufig als „Post-Ökumenismus" bezeichnet wird, bringt für die Wahrheit der Transzendenz Jesu Christi, seines Evangeliums und seines Leibes, der Kirche, keinen Gewinn. Daraus ergibt sich die Notwendigkeit, den Pluralismus anzuerkennen, und von hier aus wird die Unrichtigkeit, eine einseitige, eine „Partisanen"-Kirche[68] zu fordern, deutlich: es sei denn, sie müßte in der Tat die eine Seite, nämlich die des Menschen, verteidigen und fördern (oder aber in dem Sinne, daß im Fächer der möglichen Analysen oder Optionen nicht alle im Hinblick auf das Evangelium gleichwertig sind). Stellt sie sich aber auf die Seite der menschlichen Person, was sie heute unter oft schwierigen Bedingungen tut, dann muß auch die engagierteste Kirche zwangsläufig auf die Opposition jener stoßen, die die Strukturen der Ausbeutung und Unterdrückung beibehalten wollen, und sogar auf die Gegnerschaft ihrer eigenen Söhne, die diese Tendenzen de facto billigen. So sind also die Antagonismen der ganzen Gesellschaft auch in der Kirche anzutreffen: ein Zeichen, daß sie nun kein abgetrenntes Getto mehr bildet. Wie aber soll sie ihre Einheit bewahren? Hier sind zumindest zwei Bedingungen unerläßlich: 1. die Kirche muß Kirche sein; nichts anderes, aber in Wahrheit und Fülle. Dies muß das Werk aller sein, aber es lastet ganz besonders auf dem Klerus. 2. Im Volk Gottes müssen die Bedingungen des politischen Pluralismus wirklich respektiert werden. In diesem Punkt werden verschiedene Klagen laut[69].

Wir konnten hier nur einen trockenen Aufriß einer Anzahl sehr schwieriger und komplexer Probleme geben. Wir beanspruchen keine Vollständigkeit! Wir wollten nur ohne allzu große Vereinfachung die Frage und den Vorwurf der Politisierung, die in der gegenwärtigen Krise ihre Rolle spielen, darlegen. Eine Frau schreibt uns: „Die Kirche macht Lernprozesse durch um den Preis politischer oder sogar liturgischer und sozialer Optionen, die jedoch authentische Veränderungen im Sinne des Evangeliums herbeiführen." Das ist nicht einmal so schlecht gesehen!

4
Auf dem Weg zu einer Lösung

Niemandem scheint es zu gelingen, die gegenwärtige Situation in den Griff zu bekommen, weder unseren Bischöfen noch dem Heiligen Vater, der doch angesichts der Stürme von Ost und West den Kampf für Treue und Einheit führt. Jesus allein kann dem Sturm gebieten, weder die Apostel noch Petrus vermochten es (vgl. Mt 8, 23–27 u. par.). Was kann beim gegenwärtigen Stand der Dinge dieser Hilferuf an den Herrn für uns bedeuten? Zunächst, so will uns scheinen, dies, daß die Kirche Kirche sei, und zwar durch eine erneuerte Aufmerksamkeit für das Wort Gottes.

1. Die Kirche soll Kirche sein!

Die Kirche, das ist zunächst der Glaube: ein gelebter, bekennender, liturgisch gefeierter (Sakramente) und verkündigter Glaube. Diesem Glauben eignet untrennbar die Grundhaltung der Öffnung auf Gott hin („credo *in* Deum", man glaubt *auf* Gott *hin*) – und seine inhaltliche Bestimmtheit („*credo* in Deum"). Der Glaube erfordert zwei Eigenschaften, Reinheit und Fülle, zwischen denen eine Spannung bestehen kann. Die Reinheit ergibt sich aus einer Rückkehr zu den normativen Ursprüngen; die Fülle verlangt eine eindeutige Treue zur authentischen Entwicklung des Glaubens im Leben der Kirche in Raum und Zeit. Hier hat die Tradition ihren Ort. Die Kirchenväter nehmen in ihr einen bevorzugten Platz ein. Das II. Vaticanum hat zwar keine Dogmen im eigentlichen Sinn formuliert, aber es hat unter dem Beistand des Heiligen Geistes die Treue der Kirche in diesem Augenblick ihrer Geschichte zum Ausdruck gebracht.

Es wird also mehr Strenge in der Übereinstimmung der Katechese, der Verkündigung und der Lehre mit den Normen des Glaubens der Kirche gefordert. Dies kann aber nicht nur Aufgabe der Autoritäten sein. In unserer Zeit, da das Prinzip der persönlichen Überzeugung respektiert wird, ist ein jeder für sich selbst und seine Brüder verantwortlich und muß sich auch verantwortlich wissen. Überdies muß die Sorge um Reinheit die Suche nach der Fülle einschließen, die auch die Erforschung neuer Wege, die Öffnung für noch nicht dagewesene kulturelle Anstöße wie auch für solche des ökumenischen Dialogs miteinbezieht.

Die Kirche, das ist die Liebe, die der Geist Gottes unseren Herzen eingegossen hat. Eine Liebe, die nach Versöhnung und Einheit strebt. Eine aktive Liebe, die immer neue Initiativen des Dienstes findet. Eine tiefe Liebe, die durch Gebet und Fürbitte das Leid der Menschen auf sich nimmt. Die Kirche ist aufgefordert, um Kirche zu sein, immer wieder zum Herzen zurückzukehren, zu jener Innerlichkeit, welche die Menschen sich nicht entfremdet, sondern sie eins mit sich selbst werden läßt, anders als dies in einer leichtfertigen und oberflächlichen Verweltlichung möglich ist.

Die Kirche, das ist schließlich Sendung. Nicht Propaganda oder Proselytismus. Es geht darum, auf alle Menschen, auf ihr persönliches und gesellschaftliches Leben, den „Dienst“ des Evangeliums und der Gnade, deren Sakrament die Kirche gleichsam ist, auszudehnen. Wie kleinlich, anachronistisch und unfruchtbar sind doch unsere Streitigkeiten angesichts dieser ungeheueren missionarischen Aufgabe und der in ihr entfalteten Selbstlosigkeit!

Ja, die Kirche soll Kirche sein: nichts anderes, nicht mehr, aber auch nicht weniger. „Ich schäme mich des Evangeliums nicht“, sagt Paulus (Röm 1, 16), „ich rühme mich im Kreuze unseres Herrn Jesus Christus“ (Gal 6, 14). Können wir der Welt einen größeren Reichtum anbieten? Aber das ist keine leichte Aufgabe. Dieser Reichtum übersteigt unsere Kräfte, und wir tragen ihn, wiederum nach Paulus, in irdenen Gefäßen, das heißt in der Zerbrechlichkeit, aber auch unter Verwendung aller Formen, die uns diese Erde anbietet und die die Geschichte fordert, da sie sie uns zur Verfügung hält. Die Kirche ist die Kirche Gottes unter den Menschen und auf dem Pilgerweg der Menschheit. Sie ist weder Vergötterung noch Verweltlichung, sondern Inkarnation! Es ist die Kirche des fleischgewordenen Wortes.

2. *Vorrang und Fruchtbarkeit des Wortes Gottes*

Die Kirche des Wortes! Das Konzil hat zwei dogmatische Konstitutionen geschaffen: „Lumen gentium“

über die Kirche und „Dei Verbum" über die göttliche Offenbarung, die Schrift und die Tradition. Erstere wird gelesen und kommentiert, letztere dagegen ist nicht genügend bekannt und wird nicht befolgt. Gewiß, die Lebendigkeit der Bibelwissenschaften verdient Lob. Die Unterweisung in der Schrift ist unvergleichlich besser als noch vor dem letzten Krieg. Wir verfügen über eine Vielzahl ausgezeichneter Übersetzungen. Die erneuerte Liturgie bringt einen großen Reichtum an Lesungen, und die Homilien bieten oft eine gute Auslegung. Zahlreiche Gläubige lesen die Heilige Schrift, kurz, die Bilanz ist eindeutig positiv, und dennoch weist sie noch Mängel auf. Ist das Wort Gottes wirklich verstanden im Zuge seiner geschichtlichen Entfaltung, entsprechend der Forderung von „Dei Verbum", Nr. 24, die Seele der Theologie? Ist es, wie in Nr. 21 gefordert wird, die Grundlage und Regel aller kirchlichen Verkündigung? Gewiß finden wir in dieser Verkündigung die Dokumente des Lehramts. Wenn auch die Ansprachen des Heiligen Vaters bei der Generalaudienz an jedem Mittwoch von spiritueller Tiefe zeugen und von der Heiligen Schrift getragen sind, so würde die offizielle Lehre doch an Kraft und zweifellos auch an Hörerschaft gewinnen, wenn sie sich mehr an die der geschichtlichen Entfaltung entsprechende göttliche Pädagogik hielte, von der die Evangelien Zeugnis geben.

Charles Péguy hat gesagt: In der Bibel findet sich nicht *ein* abstraktes Wort. Man kann zweifellos nicht die Errungenschaften der Jahrhunderte gegeneinander aufrechnen: Kirchenväter, Konzilien, Hochscholastik. Folgt man aber der Schrift, dann vermeidet man jeden Beigeschmack von Ideologie. Sie ist konkret. Sie belehrt oft in Erzählungen und Gleichnissen...

Johannes XXIII. hat schon in den ersten Tagen seines kurzen Pontifikats, und dann noch mehrmals, die Priester der Kirche beschworen, Diener des Wortes Gottes zu sein:

„Ist nicht dies die vorrangige Aufgabe des katholischen Priestertums: die große Lehre der beiden Testamente mitzuteilen, auf daß sie die Seelen durchdringen? ... Wenn uns auch alle Aufgaben des Seelsorgeamtes am Herzen liegen und bedrängen, so fühlen wir doch, daß es uns vor allem obliegt, überall und unaufhörlich den Enthusiasmus für alle Offenbarungen der Heiligen Schrift zu erwecken, damit sie von frühester Jugend bis ins höchste Alter den Lebensweg erleuchte."[70]

In der Tat können und müssen wir uns *alle* bereit und aufgeschlossen in der Schule des Wortes Gottes wiederfinden. Es steht unvergleichlich hoch über all den hier zitierten Erklärungen und den bescheidenen Erörterungen dieses Buches! Die Seminaristen von Ecône, die Teilnehmer an der Messe von Lille wie auch die Rompilger und die Gläubigen aller unserer Meßfeiern, wir alle sind gemeinsam und gleichermaßen dem Wort Gottes unterworfen und werden durch es gerichtet. Es zumindest, und das ist Lehre der katholischen Tradition, ist unbestreitbar! Es ist ein Weg der Einheit. Was werden wir daraus machen?

3. Lehren, erklären

In mehreren Briefen wurde der Vorwurf laut: man habe weder das Konzil noch die daraus folgenden liturgischen, katechetischen und pastoralen Reformen ausreichend erklärt... Zweifellos bleibt dem noch etwas hinzuzufügen. Wir selbst kennen Fälle, in denen die Gläubigen behaupten, man habe sie nicht informiert, während gerade über dieses Thema mehrere Predigten und Vorträge gehalten worden waren. Aber wir kennen auch Fälle, in denen die liturgischen Reformen rücksichtslos ohne Vorbereitung und genügende Erklärung für die Betroffenen als feste Tatsache angekündigt wurden, die schon am nächsten Tag anzuwenden sei und der man sich zu beugen habe.

Das Konzil ist nach wie vor wenig bekannt. Aber dies gilt nicht nur für das Konzil allein. Trotz so vieler Bemühungen, trotz guter Buch- und Pressedienste ist das Unwissen in Sachen Religion noch breit und tief. Wer kennt schon, jedenfalls in authentischem Licht, die Worte des Papstes? Es bedarf noch großer Bemühungen, um zu informieren und aufzuklären

Am meisten jedoch mangelt es an historischer Kenntnis. Mit nur ein wenig historischem Wissen hätte der unverständliche Streit über die Messe nicht stattzufinden brauchen. Die Geschichte ist eine große Schule der Intelligenz und Weisheit. Ihre Kenntnis läßt nicht zu, das Relative absolut zu setzen, sie ermöglicht es, die Dinge an ihren richtigen Platz zu stellen, und sie gebietet es, alte Streitigkeiten und schlecht begründete Streitfragen zu überprüfen. Sie macht den jeweiligen Kontext einsichtig, ohne den die Texte nicht authentisch verstanden werden können. Selbst die Krise, unter der wir jetzt leiden, kann durch die Geschichte eine Erhellung erfahren. Gewiß kann man nicht von jedem verlangen, über die Kenntnisse eines Spezialisten zu verfügen, aber man kann wünschen, daß dem Bemühen um die notwendige Unterweisung der historischen Dimension der gebührende Platz eingeräumt werde.

4. Vermeidung von Sektengeist

Er grassiert im heutigen Frankreich in Form eines ausgeprägten Manichäismus. Dieser Ausdruck bezeichnet bekanntlich jene Häresie, welche an den Ursprung der Dinge zwei Prinzipien, ein gutes und ein böses, stellt. Demgemäß gibt es auf der einen Seite die Guten, und alles, was von ihnen kommt, ist gut; auf der anderen Seite stehen die Bösen, und bei ihnen ist alles böse. Die Menschen sind immer auch ein wenig animistisch. Sie erklären gern das, was ihnen schadet oder auch nur mißfällt, durch ein dunkles, böses Prinzip: für Hitler waren es die Juden und ein jüdisch-freimaurerisches Komplott. Die Konzilsgegner glauben gerne an irgendeine Verschwörung: sei dies „das Trojanische Pferd", eine organisierte Pressure Group oder die Freimaurerei ...[71]

Habe ich jene, die ich kritisierte, schlecht gemacht? Jede Diskussion läuft Gefahr, der gegnerischen Partei, ihren Gründen und der genauen Bedeutung ihrer Aussagen nicht gerecht zu werden. Sollte dies hier der Fall sein, so bitte ich um Verzeihung und bin bereit, mich zu korrigieren. Erzbischof Lefebvre und seine Anhänger sind für mich Brüder. Wir sind uneins, und ich glaube, daß sie sich täuschen, aber ich respektiere ihre Absichten und ihren Willen zur Treue. Dennoch befürchte ich, daß sie an einen Punkt gelangen werden, an dem ein solcher Wille sich mit einem Eigensinn verbindet, der nicht nachgeben will, der gegen alles recht behalten möchte. Wenn sie mich anhören wollten, wenn ich in ihren Augen nicht unwiderruflich auf der falschen Seite stünde, so würde ich sie anflehen, ihre Leidenschaftlichkeit abzulegen. Wie oft ist es bei Familienstreitigkeiten oder auch zwischen Freunden so, daß der Streit sich aus seiner eigenen Dauer nährt! Das erste Motiv – noch vorhanden – ist, durch Starrsinn verhärtet, unheilbar geworden.

Eine Abhilfe jedoch muß gefunden werden. Könnte man nicht eine Art Waffenstillstand schließen? Kardinal Suenens bat Abbé J. Kamp, „einen selbstlosen und großmütigen Priester, dessen Aufrichtigkeit unbestreitbar ist", sich „selbst vor dem Herrn in Frage zu stellen". Mitbrüder standen ihm darin bei in einem Dialog, der ein Beispiel an Wohlwollen und Verständnis ist[72]. Wäre Analoges nicht auch in unserem Fall möglich? Es wurde oft davon gesprochen, daß die Kirche heute eines inneren Ökumenismus bedürfe. Objektiv gesprochen, ein solcher wäre weniger schwierig als der andere, da wir weit mehr gemeinsame normative Bezugspunkte haben. Ja, wir haben (fast) alles gemeinsam! Voraussetzung freilich wäre eine Entkrampfung und eine von der Gnade Gottes gewährte sehr langmütige Geduld. Überschreitet das die Grenzen des Möglichen?

Ich weiß, daß die Anhänger Erzbischof Lefebvres hier einwenden werden: Sie setzen voraus, daß Ihre Seite im Recht ist. Sie gehen von der Annahme aus, daß das Konzil katholisch, in Ordnung und die Messe

Pauls VI. gültig sei. Ich würde in einem Dialog eine Diskussion über diesen Punkt annehmen, vorausgesetzt, daß meine Partner nicht von vorneherein das als Möglichkeit ausschließen, was die Überzeugung von 2500 Bischöfen, 400000 Priestern und von Hunderten von Millionen Gläubiger ist.

5. *Euer Platz, Brüder, ist in der Kirche*

Euer Platz ist in der großen Schar jener, die nach besten Kräften dem Herrn für sein Reich und zur Ehre des Vaters dienen. Die Welt bedarf anderer Dinge als unserer inneren Streitigkeiten. Brüder, laßt uns zusammenarbeiten! Sogar die Unerbittlichkeit euerer Forderungen kann heilsam für uns sein. Wenn die theologische Kommission des Konzils im Ganzen eine so bemerkenswerte Arbeit geleistet hat, so verdankt sie dies zum Teil einer unnachgiebigen Minderheit, die sie zu präziseren Aussagen gezwungen hat. Ein Beispiel: die dem 3. Kapitel von „Lumen gentium" vorangestellte erläuternde Vorbemerkung (Nota praevia). Eine ähnliche Rolle könnt ihr auch in einer wiederversöhnten Kirche spielen. Natürlich nur, wenn ihr ohne jeden Geist der Gehässigkeit, Aggressivität und uneinsichtiger Intransigenz kommt.

Oft argumentiert ihr, das Konzil sei pastoral gewesen, und ihr schließt daraus, daß es keinen doktrinalen Charakter habe und also abgelehnt werden könne. Das ist nicht zu halten. Es ist wahr, daß dieser oder jener Einzelaspekt zu diskutieren oder noch besser zu erhellen ist, aber es besteht eine Lehre des Konzils; sie insgesamt zurückzuweisen oder auch bedeutende Teile abzulehnen würde bedeuten, daß man sich in bezug auf die katholische Gemeinschaft in eine zweifelhafte Position begibt. Wer sich weigert, die Feier der Messe Pauls VI. und anderer Sakramente, wie etwa der Firmung, als gültig und katholisch anzuerkennen, stellt sich selbst außerhalb dieser Gemeinschaft. Erwägt, ich bitte euch, wie schwerwiegend die Auslösung eines Schismas wäre. Sollte es dazu kommen, daß ihr Pfarreien und Klöster losgelöst von der großen Kirche gründet, dann würdet ihr so etwas wie die Altkatholiken oder vielleicht, genauer, die Kleine Kirche, die sogar ihren eigenen Klerus hätte. Ihr seid überzeugt, an der „immer gleichen Kirche" festzuhalten. Aber man kann nicht Kirche gegen die Kirche sein[73].

Dies sind außergewöhnlich schwerwiegende Fragen der Kirche. Aber die am 29. August in Lille gehaltene Messe führt zu einer weiteren Frage. Wem spielt ihr in die Hände? Wer könnte sich eurer bedienen und eure Sache mißbrauchen? Ich stelle diese Frage, weil ich gehört habe, daß sie gestellt wurde. In einer Pressekonferenz vom 15. September 1976 gab Erzbischof Lefebvre zu verstehen, Mitglieder der französischen Regierung würden sein Vorgehen befürworten.

Man würde euch wohl die Möglichkeit zugestehen können, die Messe, die ihr nach dem (in einigen Punkten durch spätere Päpste veränderten) Meßformular Pius' V. feiern wollt, öffentlich zu halten, wenn ihr sie nicht zu einem Zeichen der Zurückweisung jener Eucharistiefeier als nichtkatholisch machen würdet, die wir nach dem Meßbuch Pauls VI. begehen und die übrigens den römischen Kanon enthält und auch lateinisch zelebriert werden kann. Sie ist heilig in sich selbst, diese Messe des hl. Pius V., aber daraus ein Mittel der Spaltung und Herausforderung zu machen, ist objektiv eine Verkehrung der Eucharistie.

Ihr seid schwer betroffen. Viele sind überrascht, manchen ist es ein Ärgernis, daß man darauf besteht, euch zu verfolgen, während man so viele andere, die liturgische und theologische Unregelmäßigkeiten begünstigen, ihr schlechtes Werk unbehindert tun läßt. In seinem Gespräch mit Louis Salleron vom 15. Januar 1976 sagt Erzbischof Lefebvre: „Ich kann nicht begreifen, warum man mich verurteilt, weil ich bestimmte Texte eines nicht dogmatischen Konzils diskutiere, während gleichzeitig die autorisierte theologische Forschung wirkliche Dogmen unseres Glaubens in Frage stellt... Mich beschuldigt man deswegen der Untreue gegenüber der Kirche, während keiner dieser forschenden Theologen verurteilt wird. Hier wird wahrlich mit zweierlei Maß gemessen."[74] Dazu ist folgendes zu sagen: Zum einen macht Erzbischof Lefebvre weit mehr, als daß er nur „bestimmte Texte eines nicht dogmatischen Konzils diskutiere". Er handelt, als ob er einer anderen Kirche angehöre (er würde sagen: weil der Papst und die Gesamtheit der Bischöfe mit ihren Priestern und ihren Gläubigen Glieder einer anderen Kirche sind, die liberal, demokratisch und modernistisch ist...). Zum anderen stellt er sich auf die Ebene des kanonischen und hierarchischen Systems der katholischen Kirche. Das ist noch viel angreifbarer. Und schließlich besteht, so wie die Dinge sich entwickelt haben und nach dem zu schließen, was er jetzt als seine Pläne ankündigt, leider die Möglichkeit, daß alles auf ein Schisma hinausläuft. Rom will ihm Einhalt gebieten, noch ehe sich das Schisma mit eigenen Amtsträgern etabliert.

Was die Seminaristen von Ecône betrifft, so unterliegen sie keinerlei Sanktionen, ausgenommen jene, die in Übertretung der kanonischen Gesetze geweiht wurden und die daher unter jene Zensuren fallen, die seit 1917 rechtlich gegen Personen angewendet werden, welche diese Gesetze nicht beachten. Daß die Anwendung dieser Zensuren zu außerordentlich bedauerlichen und schmerzlichen Situationen geführt hat, können wir leider nur beklagen, ohne etwas dagegen unternehmen zu können.

Das Werk von Ecône sollte als solches seinen Platz innerhalb der Kirche finden, vorausgesetzt, daß es die konkreten Bedingungen ihrer Gemeinschaft, das bedeutet praktisch das ganze Zweite Vatikanische Konzil und die nachfolgenden Reformen, akzeptiert. *Wenn* ein wirklich reguläres Seminar, ähnlich jenen, die wir selbst gekannt haben, gute Priester heranbildet, dann sei Gott dafür gedankt! Weder der Papst noch die zuständige Kongregation würden seine Schließung verlangen. *Wenn* es aber Priester in einer de facto schismatischen Perspektive heranbildet...

Euer Platz, Brüder, in der Kirche ist an unserer Seite mit unserem Papst Paul VI. Diesen Glaubenskampf, diese Feier des Glaubens müssen wir gemeinsam bestehen. Aber macht euch von der dem Zweiten Vatikanischen Konzil treuen Kirche kein falsches Bild. Sie ist immer die Kirche des Glaubens, der Liebe und der Sendung. Ihr würdet ihr fehlen. Sie würde euch fehlen. Was ist zu tun in einem solchen Fall?

Nachtrag

Seit der Abfassung dieser Schrift ist Erzbischof Lefebvre vom Heiligen Vater empfangen worden, und zwar am 11. September 1976. In der Pressekonferenz, die Lefebvre am 15. September in Ecône gegeben hat[75], hat er selbst darüber berichtet. Einem Punkt dieses Berichts wurde von Erzbischof Benelli widersprochen: Es sei nicht die Rede gewesen von einem Eid gegen den Papst, der angeblich den Seminaristen von Ecône abverlangt würde. Später hat der Heilige Vater an Erzbischof Lefebvre ein Schriftstück von 15 Seiten gesandt, dessen Inhalt nicht bekanntgegeben wurde[76]. Die frohen Hoffnungen auf eine Versöhnung, die die Audienz von Castelgandolfo entfacht hatte, scheinen leider erloschen zu sein. In der Tat kündigt Erzbischof Lefebvre nicht nur an, daß er weitere Priesterweihen vornehmen werde, sondern er hat vermehrt Ansprachen gehalten in Alençon, Rouen, Caen, Lisieux und ist auch in England aufgetreten.

Wir haben die Aufzeichnung der in Rouen gehaltenen Ansprache gehört. Der Ton war ruhig, entspannt. Die Analyse der Krise, die mit einer angeblichen Preisgabe des Opfergedankens der Messe erklärt wurde, war oberflächlich. Es fielen mir ein paar falsche Behauptungen auf, wie „die ökumenische

Bibel(-übersetzung) ist eine Bibel, die ausgehandelt wurde", und die Erklärung ,,Von Nachgeben kann nicht die Rede sein". Da ist kein Anzeichen für Frieden zu entdecken. Und dennoch verlangt alles, was uns teuer ist, nach dem Frieden. Wir müßten in Ruhe noch einmal Abstand nehmen und uns *miteinander* darauf einlassen, in einem Klima der Demut, des Gebets und der Öffnung des Geistes alles zu prüfen.

Erzbischof Lefebvre richtet ein wenig überall ,,Priorate" ein, die Gefahr laufen, kleine Inseln oder Zentren eines Katholizismus des ,,Syllabus" zu werden, ohne Bindung an den Ortsbischof. Sie werden die konservativen Elemente zusammenfassen, die sich der ungeheuren Anstrengung verweigern, mit der die Kirche von heute, tastend zwar, aber voller Lebensmut, das Evangelium in eine dynamische und unruhige Welt zu tragen versucht, die von soviel gegensätzlichen Fermenten durchwühlt wird. Die Situation wird gewiß von Ort zu Ort verschieden sein. Das hängt von den Menschen und den örtlichen Voraussetzungen ab. Aber betrachtet man die Gesamtlage, die Hartnäckigkeit eines Mannes, der in festem, gutem Glauben und in einer an sich löblichen Absicht nicht von seinen selbstsicheren und grobmaschigen Urteilen abläßt, so fürchtet man, ein zumindest moralisch, wenn nicht kanonisch und ausdrücklich vollzogenes Schisma. Gott halte dieses Unglück von uns fern!

18. November 1976,
am Weihetag der Basiliken St. Peter und St. Paul

Yves Congar

Anhang

DOKUMENT 1

„Glaubenserklärung" von Erzbischof Lefebvre[77] vom 21. November 1974

Wir halten mit ganzem Herzen und ganzer Seele fest an der katholischen Kirche Roms, der Hüterin des katholischen Glaubens und der Traditionen, die zu dessen Bestand unerläßlich sind, an der ewigen Kirche Roms, der Lehrerin der Weisheit und Wahrheit.

Aber wir lehnen es ab und haben es immer abgelehnt, der neo-modernistischen und neo-protestantischen Richtung zu folgen, die sich in Rom ganz klar im Zweiten Vatikanischen Konzil und in den daraus hervorgegangenen Reformen gezeigt hat.

Alle diese Reformen waren schuld und sind heute noch schuld an der Zerstörung der Kirche, am Niedergang des Priestertums, an der Vernichtung des Opfers und der Sakramente, am Verschwinden des religiösen Lebens, an den naturalistischen und teilhardistischen Lehren an den Universitäten, in den Seminaren und in der Katechese, Lehren, die dem Liberalismus und Protestantismus entstammen und schon mehrere Male vom Lehramt der Kirche feierlich verurteilt worden sind.

Keine Autorität, selbst nicht die höchste in der Hierarchie, kann uns zwingen, von unserem katholischen Glauben, wie er seit 19 Jahrhunderten vom Lehramt der Kirche erklärt und gelehrt wurde, abzuweichen oder denselben abzuschwächen.

Der hl. Paulus schreibt: „Gesetzt den Fall, wir selbst oder ein Engel vom Himmel verkündigte euch eine andere Frohbotschaft, als wir euch verkündigt haben, er sei verflucht" (Gal 1, 8).

Wiederholt der Heilige Vater heute nicht dasselbe? Und wenn ein gewisser Widerspruch sich zeigen sollte in seinen Worten oder seinem Handeln sowie in denjenigen seiner Ämter, so wählen wir immer, was von jeher gelehrt worden ist, und schenken den Neuerungen, die die Kirche zerstören, keinerlei Gehör.

Man kann die Lex orandi nicht tiefgehend abändern, ohne die Lex credendi in Mitleidenschaft zu ziehen. Der neuen Messe entspricht ein neuer Katechismus, ein neues Priestertum, neue Seminare, neue Universitäten, eine charismatische Pfingstkirche, was alles in Widerspruch steht zur Orthodoxie und zum bisherigen Lehramt.

Diese Reform ist als Ergebnis des Liberalismus und des Protestantismus ganz und gar vergiftet. Sie kommt von der Irrlehre und führt zur Irrlehre, wenn auch nicht alles darin formell häretisch ist. Es ist deshalb jedem verantwortungsbewußten Katholiken, der seinem Glauben treu bleiben will, unmöglich, dieselbe anzunehmen oder sich derselben in irgendeiner Weise zu unterwerfen.

Die einzige Haltung, die der Treue zur Kirche und zum katholischen Bekenntnis und unserem Heil entspricht, ist die entschiedene Weigerung, diese Reform anzunehmen.

Deshalb werden wir ohne Auflehnung oder Verbitterung oder Groll unser Werk der Priesterausbildung weiterführen unter der Führung des Lehramtes von jeher, mit der Gewißheit, daß wir der heiligen katholischen Kirche, ihrem Oberhaupt sowie den zukünftigen Generationen keinen größeren Dienst erweisen können.

Daher halten wir an all dem fest, was von der Kirche aller Zeiten und vor dem modernistischen Einfluß des Konzils geglaubt und im Glauben getan wurde: an der Moral, am Gottesdienst, am Katechismusunterricht, an der Priesterausbildung, an der Kirche als Institution. Das alles ist festgehalten in den Büchern, die vor dem modernistischen Einfluß des Konzils erschienen sind. Wir können dabei darauf vertrauen, daß das wahre Licht der Tradition die Dunkelheit zerstreuen wird, die den Himmel des ewigen Roms bedeckt.

Indem wir so handeln – mit der Gnade Gottes, der Hilfe der Jungfrau Maria, des hl. Josef, des heiligen Pius X. –, sind wir überzeugt, der katholischen und römischen Kirche und allen Nachfolgern Petri treu zu bleiben und „fideles dispensatores mysteriorum Domini Nostri Jesu Christi in Spiritu Sancto – treue Verwalter der Geheimnisse unseres Herrn Jesus Christus im Heiligen Geiste" zu sein. Amen.

Marcel Lefebvre

DOKUMENT 2

Eigenhändiger Brief von Papst Paul VI.[78]

8. September 1975

Unserem Bruder im Bischofsamt, Marcel Lefebvre, ehemaligem Erzbischof von Tulle

Das Bewußtsein um den Auftrag, den Uns der Herr anvertraut hat, hat Uns am 29. Juni dazu geführt, Ihnen eine Ermahnung zu senden, die dringend, aber auch brüderlich war. Seitdem warten Wir jeden Tag auf ein Zeichen von Ihnen, das Ihre Unterwerfung, besser noch Ihre vorbehaltlose Verbundenheit und Treue zum Stellvertreter Christi ausdrücken möchte. Doch nichts ist gekommen. Es scheint, daß Sie auf keine einzige Ihrer Tätigkeiten verzichtet haben und daß Sie sogar neue Unternehmungen planen.

Vielleicht meinen Sie, daß Ihre Absichten falsch verstanden worden sind? Vielleicht glauben Sie, daß der Papst falsch informiert ist oder daß auf ihn Druck ausgeübt wird? Lieber Bruder, Ihre Haltung wiegt für Uns so schwer – dies wiederholen Wir Ihnen –, daß Wir sie persönlich geprüft haben, und zwar in allen Einzelheiten, mit der vorrangigen Sorge für das Wohl der Kirche und der besonderen Rücksicht auf die Personen. Den Entscheid, den Wir Ihnen in Unserem letzten Brief bestätigt haben, haben Wir nach reiflicher Überlegung vor dem Herrn gefällt.

Es ist jetzt Zeit, daß Sie sich klar aussprechen. Obwohl es Uns schmerzen würde, Unsere Schritte zu veröffentlichen, können Wir doch nicht mehr lange warten, wenn Sie Uns Ihre Unterwerfung nicht bald mitteilen. Zwingen Sie Uns bitte nicht zu einem solchen Schritt, auch nicht zu Sanktionen, die eine Gehorsamsverweigerung nach sich ziehen müßte.

Beten Sie zum Heiligen Geist, lieber Bruder. Er wird Ihnen die nötigen Verzichte zeigen und Ihnen helfen, den Weg der vollen Gemeinschaft mit der Kirche und mit dem Nachfolger des heiligen Petrus wiederzufinden. Wir selber flehen ihn für Sie an und sagen Ihnen noch einmal Unsere Liebe und Unsere Betrübnis.

PAULUS PP. VI

DOKUMENT 3

Brief von Papst Paul VI.[79]

15. August 1976

Unserem verehrten Bruder Marcel Lefebvre

Heute, am Fest der Aufnahme der Allerseligsten Jungfrau Maria in den Himmel, liegt Uns am Herzen, Sie Unseres Gedenkens zu versichern, das verbunden ist mit einem besonderen Gebet um eine positive und baldige Lösung der Frage, die Ihre Person und Ihre Tätigkeit im Hinblick auf die Heilige Kirche betrifft.

Unser Gedenken schließt folgenden brüderlichen und väterlichen Wunsch mit ein: mögen Sie vor dem Herrn und vor der Kirche, in der Stille und Verantwortlichkeit Ihres bischöflichen Gewissens die untragbare Irregularität Ihrer gegenwärtigen Position überdenken. Sie stimmt nicht mit der Wahrheit und der Gerechtigkeit überein. Sie maßt sich das Recht an, zu erklären, unser apostolisches Amt sei von der Glaubensregel abgewichen, sowie das Recht, die Lehre eines ökumenischen Konzils, das unter vollkommener Wahrung der kirchlichen Normen abgehalten wurde, als unannehmbar zu erklären: das sind äußerst schwerwiegende Anklagen. Ihre Position entspricht nicht dem Evangelium und dem Glauben.

Ein Beharren auf diesem Wege wäre ein schwerer Schaden für Sie als Bischof, wie auch für jene, die Ihnen unter Mißachtung der kanonischen Gesetze als ihrem Führer folgen. Statt den Mißbräuchen, die man korrigieren will, abzuhelfen, würde dadurch ein anderer Mißbrauch von unberechenbarer Schwere hinzugefügt.

Haben Sie, Bruder, die Demut und den Mut, die unlogische Kette zu durchbrechen, die Sie der Kirche gegenüber fremd und feindselig macht, jener Kirche, der Sie doch so sehr gedient haben und die Sie noch immer lieben und aufbauen wollen. Wie viele Seelen erwarten von Ihnen dieses Beispiel der heroischen und schlichten Treue!

Unter Anrufung des Heiligen Geistes und indem Wir diese Stunde, die für Sie und Uns groß und bitter ist, der Allerseligsten Jungfrau Maria anvertrauen, beten und hoffen Wir.

Paulus PP. VI

DOKUMENT 4

Ansprache von Papst Paul VI. vor dem Konsistorium am 24. Mai 1976[80]

In einer Ansprache vor dem Konsistorium am 24. Mai 1976 kam Papst Paul VI. ausführlicher auf den „Fall Lefebvre" und auf die nachkonziliare Situation der Kirche zu sprechen. Im folgenden wird ein Auszug des Textes wiedergegeben, der besonders am Anfang und am Schluß gekürzt wurde. Nachdem der Papst in einem ersten Teil (1) mit Dankbarkeit und Freude positive Entwicklungen in Welt und Kirche erwähnte, fuhr er fort:

2. Aber es gibt auch Motive zur Bitterkeit, die Wir sicher nicht verbergen oder verharmlosen wollen. Sie erwachsen durch die Betonung einer in ihren Auswüchsen oft unnachgiebigen Polarität, die in verschiedenen Bereichen eine oberflächliche Unreife aufzeigt oder auch einen hartnäckigen Starrsinn, im Grunde eine beklagenswerte Taubheit gegenüber dem Aufruf zu einer die Spannungen überwindenden Ausgeglichenheit, der vor mehr als zehn Jahren von den großen Weisungen des Konzils ausgegangen ist.

a) Es gibt einerseits solche, die unter dem Vorwand einer größeren Treue zur Kirche und zum Lehramt systematisch die Lehren selbst des Konzils ablehnen, seine Durchführung und die Reformen, die sich aus ihm ergeben, seine stufenweise Durchführung mit Hilfe des Apostolischen Stuhles und der Bischofskonferenzen unter unserer von Christus gewollten Autorität. Man bringt die Autorität der Kirche in Mißkredit im Namen einer Überlieferung, der man nur materiell und mit Worten Achtung entgegenbringt. Man entfernt die Gläubigen von den Bindungen des Gehorsams gegenüber dem Stuhle Petri wie auch gegenüber ihren rechtmäßigen Bischöfen. Man lehnt die Autorität von heute im Namen jener von gestern ab. Und diese Tatsache ist um so schwerwiegender, als die Opposition, von der wir sprechen, nicht nur von einigen Priestern gestützt wird, sondern von einem Bischof geleitet ist, Mgr. Marcel Lefebvre, dem nach wie vor immer Unsere Verehrung gilt.

Es ist so sehr schmerzlich, dies zu bemerken. Wie muß man aber nicht in einer solchen Haltung – was auch immer die Absicht dieser Personen sein möge – die Tatsache sehen, daß man sich außerhalb des Gehorsams und der Gemeinschaft mit dem Nachfolger Petri und folglich der Kirche stellt?

Da dies leider die logische Folge ist, wenn man nämlich sich darauf stützt, es sei vorzuziehen ungehorsam zu sein, unter dem Vorwand, den eigenen Glauben unversehrt zu bewahren, für die Bewahrung der katholischen Kirche auf eigene Weise zu arbeiten, ihr aber gleichzeitig den effektiven Gehorsam verweigert. Und man spricht dies offen aus! Man wagt zu behaupten, daß das Zweite Vatikanische Konzil nicht bindend sei; daß der Glaube ebenfalls in Gefahr sei durch die nachkonziliaren Reformen und Richtlinien; daß man die Pflicht habe, ungehorsam zu sein, um gewisse Traditionen zu erhalten. Welche Traditionen? Steht es dieser Gruppe und nicht dem Papst, nicht dem Kollegium der Bischöfe, nicht dem Ökumenischen Konzil zu, festzusetzen, welche unter den unzähligen Traditionen als Glaubensnorm betrachtet werden müssen? Wie Sie sehen, verehrte Mitbrüder, eine solche Haltung wirft sich zum Richter über den Willen Gottes auf, der Petrus und seine rechtmäßigen Nachfolger zum Oberhaupt der Kirche bestellt hat, um die Brüder im Glauben zu bestärken und die gesamte Herde zu weiden (vgl. Lk 22,32; Joh 21,15ff.), und ihn zum Garanten und Hüter des Glaubensgutes bestimmt hat.

Das ist vor allem dann um so schwerwiegender, wenn man die Spaltung gerade dort hineinträgt, wo die Liebe Christi uns zur Einheit versammelt, in der Liturgie und beim eucharistischen Opfer, indem man den im liturgischen Bereich festgesetzten Normen die gebührende Beobachtung verweigert. Im Namen der Tradition bitten Wir alle Unsere Söhne und Töchter und alle katholischen Gemeinschaften, die erneuerte Liturgie mit Würde und Eifer zu feiern. Der Gebrauch des neuen Ordo Missae ist natürlich nicht dem Gutdünken der Priester oder der Laien anheimgestellt. Die Instruktion vom 14. Juni 1971 hat die Meßfeier in der alten Form mit Erlaubnis des Ordinarius nur für alte oder kranke Priester vorgesehen, die das Meßopfer ohne Volk darbringen. Der neue Ordo ist nach reifer Überlegung und gemäß den Wünschen des Zweiten Vatikanischen Konzils erlassen worden, damit er den alten ersetze. Ähnlich hatte Unser heiliger Vorgänger Pius V. das Missale, das infolge des Trienter Konzils unter seiner Autorität reformiert worden war, als verpflichtend vorgeschrieben.

Dieselbe Aufnahmebereitschaft verlangen Wir mit derselben höchsten Autorität, die Wir von Jesus Christus erhalten haben, auch für alle übrigen liturgischen, disziplinären und pastoralen Reformen, die in diesen Jahren in Verwirklichung der Konzilsdekrete herangereift sind. Jede Initiative, die sie zu verhindern trachtet, kann sich nicht den Anspruch anmaßen, damit der Kirche einen Dienst zu erweisen. In Wirklichkeit fügt sie ihr einen großen Schaden zu.

Mehrere Male haben Wir direkt durch Unseren Mitarbeiter und andere bekannte Persönlichkeiten Mgr. Lefebvre auf den Ernst seiner Verhaltensweisen, auf die Regelwidrigkeit seiner wichtigsten derzeitigen Initiativen, auf die Unhaltbarkeit und teilweise Falschheit der Lehren, auf denen er aufbaut, und auf den Schaden, der dadurch in der Kirche entsteht, aufmerksam gemacht.

Mit tiefer Bitterkeit, jedoch mit väterlicher Hoffnung wenden Wir Uns nun erneut an diesen Unseren Mitbruder, an seine Mitarbeiter und an jene, die sich von ihnen haben mitreißen lassen. Gewiß, Wir glauben, daß viele von diesen Gläubigen, wenigstens am Anfang, guten Glaubens gewesen sind. Wir verstehen auch ihre gefühlsmäßige Anhänglichkeit an gewohnte Formen des Kultes oder der Disziplin, die sie für lange Zeit in ihrem geistlichen Leben gestützt haben und in denen sie geistliche Nahrung gefunden haben. Wir haben jedoch die Zuversicht, daß sie mit Gleichmut und ohne vorgefaßte Parteinahme sich zu besinnen vermögen und zugestehen wollen, daß sie die Stütze und Nahrung, die sie suchen, heute in den erneuerten Formen finden, die das Zweite Vatikanische Konzil und Wir selbst als notwendig für das Wohl der Kirche, für ihre Entfaltung in der heutigen Welt und für die Einheit festgesetzt haben. Wir ermahnen deshalb abermals alle diese Unsere Brüder, Söhne und Töchter, Wir flehen sie an, sich der großen Wunden bewußt zu werden, die sie anderenfalls der Kirche erneut zufügen. Wir fordern sie auf, an die ernsten Mahnungen Christi über die Einheit der Kirche (vgl. Joh. 17, 21 f.) und über den Gehorsam zu denken, der dem rechtmäßigen und von ihm der ganzen Herde vorangestellten Hirten geschuldet wird als Zeichen für den dem Vater und dem Sohn geschuldeten Gehorsam (vgl. Lk 10, 16). Wir warten auf sie mit offenem Herzen und mit Armen, die bereit sind, sie brüderlich zu empfangen. Mögen sie in Demut und Erbauung zur Freude des Gottesvolkes den Weg der Einheit und der Liebe wiederfinden!

b) Auf der entgegengesetzten Seite, was ihre ideologische Position betrifft, jedoch gleichermaßen Ursache tiefen Schmerzes ist, befinden sich jene, die im irrigen Glauben, die Linie des Konzils fortzusetzen, eine Haltung vorgefaßter und mitunter unbeugsamer Kritik an der Kirche und ihren Einrichtungen eingenommen haben.

Wir müssen deshalb mit der gleichen Bestimmtheit sagen, daß Wir auch die Einstellung derer nicht annehmen können:

– die sich für autorisiert halten, sich ihre eigene Liturgie zu schaffen, wobei sie mitunter das Meßopfer oder die Sakramente auf die Feier ihres eigenen Lebens oder Kämpfens oder aber auf das Symbol der Brüderlichkeit einschränken oder sogar mißbräuchlich die Interkommunion praktizieren;

– die in der Katechese die Unterweisung in der Lehre herabmindern oder sie nach ihrem Geschmack entstellen, entsprechend den Interessen, dem Druck oder den Forderungen der Menschen – Tendenzen, die die christliche Botschaft tiefgreifend verfälschen, wie Wir es schon in dem Apostolischen Mahnschreiben *Quinque iam anni* vom 8. Dezember 1970, fünf Jahre nach Abschluß des Konzils, aufgezeigt haben (vgl. *AAS* 63/1971, S. 99);

– die so tun, als ob sie die lebendige Tradition der Kirche von den Vätern bis zu den Verlautbarungen des Lehramts nicht kennten, und die Lehre der Kirche, ja selbst das Evangelium, die geistlichen Realitäten, die Gottheit Christi, seine Auferstehung oder die Eucharistie neu interpretieren, sie so praktisch ihres Inhalts entleeren, eine neue Gnosis schaffen und in gewisser Weise in die Kirche die „freie Prüfung" (liberum examen) einführen; dies ist um so gefährlicher, wenn es sich dabei um Personen handelt, die die überaus hohe und schwierige Aufgabe haben, katholische Theologie zu lehren;

– die die spezifische Funktion des Priesteramtes verkürzen;

– die die Gesetze der Kirche oder die von ihr aufgezeigten ethischen Forderungen schmerzlich übertreten;

– die das Leben aus dem Glauben so verstehen, als handle es sich darum, die irdische Gesellschaft zu ordnen, es auf politische Aktionen reduzieren und zu diesem Zweck Wege einschlagen, die dem Evangelium widersprechen; man geht dabei so weit, daß man die jenseitige Botschaft Christi, seine Verkündigung des Reiches Gottes, sein Gesetz der Liebe unter den Menschen, die in der unaussprechlichen Vaterschaft Gottes gründet, mit Ideologien vermischt, die eine solche Botschaft von ihrem Wesen her verneinen durch eine völlig entgegengesetzte Lehre; man propagiert einen widernatürlichen Bund zwischen zwei Welten, die selbst nach

Meinung der Theoretiker der anderen Seite miteinander unvereinbar sind.

Es ist wahr, daß solche Christen nicht sehr zahlreich sind, aber sie machen viel Lärm, wobei sie allzu leicht glauben, die Nöte des ganzen christlichen Volkes oder den irreversiblen Sinn der Geschichte zu interpretieren. Sie können sich in ihrem Tun weder auf das Zweite Vatikanische Konzil berufen, weil seine Interpretation und seine Verwirklichung für Mißbräuche solcher Art nichts hergeben, noch auf die Erfordernisse des Apostolates, um die Fernstehenden oder die Ungläubigen zu erreichen; das wahre Apostolat geht von der Kirche aus, um für die Lehre und das Leben der Kirche selbst Zeugnis abzulegen. Der Sauerteig muß den ganzen Teig durchdringen, er muß aber der Sauerteig des Evangeliums bleiben. Andernfalls verdirbt auch er mit der Welt.

DOKUMENT 5

Erklärung des Ständigen Rates der Deutschen Bischofskonferenz zu den Vorgängen um Alt-Erzbischof Lefebvre[81]

Mit Schmerz und Sorge nehmen die zur Sitzung des Ständigen Rates am 30. 8. 1976 in Würzburg versammelten deutschen Bischöfe Kenntnis von den Vorgängen um Alt-Erzbischof Lefebvre. Nicht wenige Gläubige, auch in unserem Land, sind davon beunruhigt. Die Reaktion von Erzbischof Lefebvre auf seine Suspendierung droht gar zu einer Spaltung in der Kirche zu führen.

Erzbischof Lefebvre ist sicher persönlich bewegt von Liebe zur kirchlichen Tradition. In einer falschen Berufung auf das II. Vatikanische Konzil haben manche die Bindung an die Tradition der Kirche gelockert und ihr eigenes Belieben mit einer echten Erneuerung der Kirche verwechselt. Das führte vielfach zu Verunsicherung und

Verwirrung. Die Weise, wie Erzbischof Lefebvre dem zu begegnen sucht, verfehlt indessen selbst den Sinn recht verstandener Tradition. Diese Tradition ist etwas Lebendiges, und ihre Entwicklung bricht nicht an irgendeinem Punkt der Vergangenheit plötzlich ab. In solcher Tradition geht es darum, das vom Herrn seiner Kirche übertragene Erbe zu wahren und in die Geschichte weiterzutragen. Wer Geist und Buchstaben des Zweiten Vatikanischen Konzils ernst nimmt, der wird leicht erkennen, daß es ganz und gar auf der Tradition der Kirche beruht und sie treu fortsetzt. Papst und Bischöfe haben in der Durchführung und Anwendung des Konzils ihre Sendung und Hirtenaufgabe nicht verraten, sondern erfüllt. Sie sind die vom Herrn bestellten Hirten seiner Kirche. Sein Vermächtnis, auf das die ganze Kirche verpflichtet ist, heißt: „Laß alle eins sein, wie Du Vater in mir bist und ich in Dir bin, damit die Welt glaube" (Joh 17,21).

Die Tradition der Kirche bezeugt einhellig, daß die Einheit der Kirche Einheit mit dem Papst und den Bischöfen ist. Wer diese Einheit bricht, der bricht mit der Tradition der Kirche.

Aus diesem Grund mußte der Papst gegen Erzbischof Lefebvre einschreiten. Er hat es nicht getan ohne vielfältige Versuche der Verständigung und der Vermittlung. Wir deutschen Bischöfe stehen uneingeschränkt hinter der Entscheidung des Heiligen Vaters. Wir wollen das uns Mögliche auch weiterhin tun, um einen Bruch in der Kirche vermeiden oder heilen zu helfen.

Wir rufen alle Gläubigen auf, die Sorge des Papstes und unsere Sorge um die Einheit der Kirche im Gebet und in unbeirrbarer Treue mitzutragen. Eine neue Entschiedenheit für die klare Lehre der Kirche, für ihre Einheit in der Wahrheit und in der Liebe: dies soll unsere Antwort sein, durch welche sich die Not der Stunde in Segen wenden kann.

Würzburg, 30. 8. 1976

DOKUMENT 6

Erklärung der Deutschen Bischofskonferenz zu den Vorgängen um Erzbischof Lefebvre[82]

(Herbstvollversammlung vom 20. bis 23. 9. 1976 in Fulda)

Die deutschen Bischöfe haben auf ihrer Herbstversammlung in Fulda die Vorgänge um Alt-Erzbischof Lefebvre erörtert. Wir wollen die Hoffnung nicht aufgeben, daß er und seine Anhänger zur Verständigung und Versöhnung mit dem Heiligen Vater finden. Das uns Mögliche wollen wir dazu beitragen. Wir halten es jedoch für unsere Pflicht, zu Urteilen und Bestrebungen Stellung zu nehmen, die der Einheit und der Wahrheit der katholischen Kirche widersprechen. Insbesondere wenden wir uns an jene Gläubigen, die den Ansichten und Bemühungen von Erzbischof Lefebvre eine gewisse Sympathie entgegenbringen. Wir bitten sie herzlich, unser Wort ernsthaft zu bedenken und sich in ihrer Treue zur Kirche nicht beirren zu lassen.

1. Es besteht keinerlei Berechtigung und Anlaß, wegen der *Liturgie-Reform* dem Papst den Gehorsam zu verweigern. Es stimmt nicht, daß der hl. Pius V. den Meßritus unwandelbar festgelegt hat. Die Ordnung der Meßliturgie nach den geschichtlichen Erfordernissen gehört bleibend zur Zuständigkeit der Päpste.

2. Es trifft nicht zu, daß mit der neuen Meßordnung die *lateinisch* gefeierte Liturgie abgeschafft worden ist. Nach wie vor wird zu Recht in vielen Kirchen die lateinische Sprache in die Feier der heiligen Messe einbezogen. Mit dem Heiligen Vater unterstützen wir dies und wünschen, daß die lateinische Liturgie weiterhin überall gepflegt wird.

3. Es geht keineswegs an, die *Rechtmäßigkeit und Autorität des Zweiten Vatikanischen Konzils* zu bezweifeln. Es ist durch den Papst einberufen, und er hat die er-

forderliche Inkraftsetzung (Promulgation) der Beschlüsse vorgenommen. Damit ist das Zweite Vatikanische Konzil ein allgemeines Konzil, das die höchste Lehrautorität in der Kirche innehat. Das Zweite Vatikanische Konzil war ein Pastoralkonzil. Aber es ist deswegen nicht weniger verbindlich als ein Konzil, das feierliche Lehrentscheidungen zu Glaubensfragen getroffen hat. Glaube und Leben, Lehr- und Hirtenamt lassen sich nicht auseinanderreißen.

4. Es geht nicht an, unter Berufung auf die *Tradition der Kirche* die Reformen des Konzils abzulehnen. Wenn gesagt wird, sie seien vom Liberalismus und Modernismus hervorgebracht, sie stammten aus der Häresie und führten zur Häresie, so ist das falsch. Vielmehr wendet sich das Konzil gegen Liberalismus und Modernismus. Tradition heißt nicht Stillstand, sondern Weitergabe der überkommenen Wahrheit. Diese muß unverfälscht und unverkürzt bewahrt werden. Gerade deshalb muß sie aber auch in Formen dargestellt werden, die sie für die jeweilige Zeit verständlich machen. Dabei verkennen wir nicht die Gefahr, vorzeitig äußere Formen zu ändern, ohne neue vorher genügend zu erproben und zu begründen. Wir fragen uns, ob im Verlauf der nachkonziliaren Erneuerung überall genug geschehen ist, um die Unversehrtheit der kirchlichen Lehre zu betonen und die Kontinuität in den Riten und Gebräuchen darzustellen. Wir werden uns verstärkt darum bemühen.

5. Der Vorwurf, die Erklärung des Zweiten Vatikanischen Konzils über die *Religionsfreiheit* widerspreche der unbedingten und unveränderlichen Wahrheit des Glaubens und sei deshalb unkatholisch, ist unhaltbar.

Das Konzil selbst erklärt: „Diese Freiheit besteht darin, daß alle Menschen frei sein müssen von jedem Zwang sowohl von seiten einzelner wie gesellschaftlicher Gruppen, wie jeglicher menschlichen Gewalt, so daß in religiösen Dingen niemand gezwungen wird, gegen sein Gewissen zu handeln, noch daran gehindert wird, privat und öffentlich, als einzelner oder in Verbindung mit anderen – innerhalb der gebührenden Grenzen – nach seinem Gewissen zu handeln." (Religionsfreiheit 2.) Das hat nichts mit einer Relativierung der Wahrheit und einer Beliebigkeit der Entscheidung des einzelnen zu tun.

6. Es ist bedenklich, mit *Schlagworten* wie „Protestantisierung der Kirche" oder „Freimaurerei in der Kirche" zu operieren. Solche Schlagworte entsprechen nicht der Wahrheit, und sie vergiften die Atmosphäre.

Unser klärendes Wort ist zugleich ein beschwörendes Wort:

Setzen wir alle Kräfte ein, um die Einheit der Kirche zu wahren und der Spaltung zu wehren. Die eine Herde um den einen Hirten, der eine Leib in einem Geist: darum geht es dem Herrn, darum den Aposteln, darum der ganzen Tradition der Kirche einhellig und mit aller Leidenschaft. Lassen wir uns durch nichts abbringen von der Treue zur einen Kirche. Die katholische Kirche ist keine andere als die „Konzilskirche". Es gibt nur den einen Papst, nur das eine Kollegium der Bischöfe, nur den einen Altar. Folgen wir der Mahnung des Apostels: „Bemüht euch, die Einheit des Geistes zu wahren durch den Frieden, der euch zusammenhält" (Eph 4, 3).

DOKUMENT 7

Hirtenwort anläßlich des Auftretens von Alt-Erzbischof Lefebvre in Friedrichshafen (Bodensee) am 24. Oktober 1976

Liebe Schwestern und Brüder in Christus!

Am 24. Oktober will der französische Alt-Erzbischof Marcel Lefebvre in Friedrichshafen einen Vortrag halten und ein Hochamt feiern, obwohl ihm Papst Paul VI. bereits am 22. Juli dieses Jahres die Ausübung seiner priesterlichen und bischöflichen Funktionen bis auf weiteres untersagt hat. Sein Auftreten erfüllt uns mit Besorgnis um die Einheit der Kirche. Es bedrückt uns, daß ein Bischof sich gegen den Heiligen Vater und alle anderen Bischöfe der Kirche stellt. Nicht weniger belastet es uns, daß es auch in unseren Diözesen Katholiken gibt, die seinen Weg für richtig halten. Gewiß tun viele das in gutem Glauben und meinen, damit die wahre Kirche zu verteidigen. In Wirklichkeit aber sind sie daran, die Kirche zu spalten.

Worum geht es in dieser Auseinandersetzung?

Ein Ringen um den richtigen Weg hat es in der Geschichte der Kirche zwischen sogenannten konservativen und fortschrittlichen Kräften immer gegeben. Nicht selten hat die Kirche aus dieser Spannung Kraft und Dynamik geschöpft. Beide Bewegungen dürfen aber, wenn sie der Kirche und den Menschen dienen wollen, die Einheit nicht gefährden. Keine Richtung und keine Gruppe hat das Recht, die andere von vornherein zu verdächtigen, zu verketzern oder ihr das Daseinsrecht in der Kirche zu bestreiten. Alle müssen sich einfügen in die weltweite Gemeinschaft des Glaubens. Denn es gilt die Forderung des Apostels: „Bemüht euch, die Einheit des Geistes zu wahren durch den Frieden, der euch zusammenhält" (Eph 4, 3).

Leider mißachtet Erzbischof Lefebvre dieses Mahnwort. Er läßt sich trotz aller Bemühungen des Papstes immer mehr in eine Haltung hineintreiben, die ihn der kirchlichen Gemeinschaft entfremdet. Obwohl er am Zweiten Vatikanischen Konzil teilgenommen und dessen Beschlüssen bis auf zwei zugestimmt hat, stellt er seit einiger Zeit die Rechtmäßigkeit des ganzen Konzils und dessen Übereinstimmung mit dem überlieferten

Glauben aufs schärfste in Frage. Dem Heiligen Vater und allen Bischöfen wirft er Abfall vom katholischen Glauben und Verrat an der kirchlichen Überlieferung vor. Die jüngste Begegnung von Erzbischof Lefebvre mit Papst Paul läßt zwar auf eine beginnende Versöhnung hoffen. Aber noch sind die Behauptungen des Erzbischofs unwiderrufen: „Diese konziliare Kirche ist nicht katholisch" oder die andere: „Die Kirche ist schismatisch und häretisch zugleich". So muß man mit Grund um die Einheit der Kirche bangen.

Was gibt uns diese Auseinandersetzung zu bedenken?

Die Situation ist ernst. Doch wir sollten sie nicht dramatisieren. Fragen wir nüchtern, wo die Ursachen liegen. Wie kommt es, daß viele sich in der Kirche von heute nicht mehr wohl fühlen? Das Konzil wollte doch ausdrücklich den Menschen in der Kirche eine Heimat bieten. Darum feiern wir die heilige Messe in der Muttersprache. Darum bemühen wir uns, Glaubenswahrheiten so auszudrücken, daß sie die Menschen von heute ansprechen. Darum fanden die Konzilsbeschlüsse weltweite Zustimmung, ja Begeisterung.

Doch unsere Gemeinden waren auf viele Veränderungen nicht genügend vorbereitet und wurden oft nicht sachgerecht in ihre Begründungen eingeführt. Dieser Nachholbedarf muß in Gemeindekatechese und Erwachsenenbildung befriedigt werden.

Und wie kommt es, daß manche Mitchristen heute an der Kirche irre werden? Wieso folgen sie sogar einem Ruf zu Spaltung und Trennung? Offensichtlich haben Unkenntnis, falscher Reformeifer und theologische Einseitigkeiten sie in ihrem Glauben verwirrt, in ihrer Treue verunsichert und in ihrer Frömmigkeit entwurzelt. Gewiß dürfen die guten Bemühungen vieler Seelsorger und der Aufbruch in den Gemeinden nicht übersehen werden. Aber es gibt Verwundungen, die geheilt, und Enttäuschungen, die aufgearbeitet werden müssen. Nicht von ungefähr rufen viele nach Sammlung aller Kräfte und nach religiöser Vertiefung.

Wie alles Leben, so steht auch die Kirche unter dem Gesetz der Geschichte, des Wachstums und der Entwicklung. Sie auf die Vergangenheit zu fixieren, heißt ihr den Weg in die Zukunft verbauen. Das sagen wir besonders im Blick auf die junge Generation und auf die Gesellschaft von morgen.

Der eine mag diesen Weg langsamer gehen, der andere schneller, wenn nur alle gemeinsam unterwegs bleiben. Wenn aber einer wie Lefebvre den Weg verläßt, isoliert er sich und seine Anhänger und bedroht die Einheit. Ein früherer Bischof von Rottenburg, Carl Joseph Hefele, der mit dem Ersten Vatikanischen Konzil (1870/71) seine Schwierigkeiten hatte, schrieb in einem Hirtenbrief danach: „Es ist aber der kirchliche Friede und die Einheit ein so hohes Gut, daß dafür große und schwere persönliche Opfer gebracht werden dürfen."

Was haben wir zu tun?

Sie haben am 24. Oktober die Gelegenheit, für die Einheit der Kirche zu wirken. Sicher wollen Sie mit wachen Augen sehen, was in unserer Zeit geschieht. Hier aber können Sie nicht Zuschauer sein! Wenn Sie an der Veranstaltung in Friedrichshafen teilnehmen, werden Sie – ob Sie wollen oder nicht – Mitspieler im beschämenden Schauspiel einer zerstrittenen Kirche.

Liebe Schwestern und Brüder! Sie tragen Verantwortung. Sie müssen entscheiden. Wir bitten Sie, der Versammlung fernzubleiben. Ihre Enthaltung ist kein Versäumnis, sondern eine bewußte Tat. Sie ermutigen damit auch andere, keine unbesonnenen Mitläufer zu werden. Es geht um die Einheit der Kirche!

Hören Sie noch einmal die Worte der Deutschen Bischofskonferenz: „Die katholische Kirche ist keine andere als die Konzilskirche. Es gibt nur den einen Papst, nur das eine Kollegium der Bischöfe, nur den einen Altar... Lassen wir uns durch nichts abbringen von der Treue zur einen Kirche!"

Im Vertrauen auf Ihre Solidarität in dieser Zerreißprobe der Kirche entbieten wir Ihnen unsere Segenswünsche, bitten um Ihr Gebet und grüßen Sie in herzlicher Verbundenheit.

Am 11. Oktober 1976

+ Josef Stimpfle
Bischof von Augsburg

+ Bruno Wechner
Bischof von Feldkirch

+ Hermann Schäufele
Erzbischof von Freiburg

+ Otmar Mäder
Bischof von St. Gallen

+ Georg Moser
Bischof von Rottenburg

DOKUMENT 8

Brief von Papst Paul VI. an Erzbischof Lefebvre vom 11. Oktober 1976[83]

Unserem Ehrwürdigen Bruder
MARCEL LEFEBVRE
Alterzbischof von Tulle

Als Wir Dich am 11. September dieses Jahres in Castel Gandolfo in Audienz empfingen, gaben Wir Dir Gelegenheit, Deine Vorstellungen und Wünsche frei vorzutragen, obwohl Wir bereits verschiedene Aspekte Deiner Angelegenheit zur Genüge kannten. Aber da Uns noch all das in lebendiger Erinnerung ist, was Dich in früheren

Zeiten ausgezeichnet hat, als Du im Dienste der Kirche standest, der brennende Eifer für den Glauben, das Apostolat und auch die von Dir vollbrachten guten Werke – all das läßt Uns noch immer hoffen, daß Du in die vollständige Gemeinschaft der Kirche wieder zurückkehrst und von neuem zu ihrem Aufbau beiträgst. Wiederholt baten Wir Dich, daß Du vor Gott und im Wissen um Dein Amt alles verantwortungsvoll abwägst, was Du an so schwerwiegenden Taten begangen hast.

Einen Monat warteten Wir. Aber Dein Verhalten scheint sich nicht geändert zu haben, wie dies Deine Reden und darüber hinaus Deine Aktionen in der Öffentlichkeit beweisen. In der Tat haben Wir Dein Schreiben vom 16. September vor Augen, in dem Du bekräftigt hast: „Ein gemeinsames Anliegen verbindet Uns – der brennende Wunsch, daß alle Mißstände, die das Antlitz der Kirche verunstalten, aufhören. Wie sehr wünsche ich, mit Eurer Heiligkeit und unter Eurer Autorität zu diesem Heilswerk beizutragen, damit die Kirche ihr wahres Antlitz wiedergewinnt." – Wie soll man diese wenigen Worte, in denen Deine Antwort zusammengefaßt ist – und die an sich zu billigen sind –, verstehen? Du sprichst, als ob Du Deine Pläne und das anstoßerregende Beispiel Deiner verwerflichen Handlungen gegen die kirchliche Einheit, die von Dir nie widerrufen wurden, vergessen hättest! Du scheinst offenbar nichts zu bedauern, auch nicht das, was Deine Suspension „a divinis" ausgelöst hat. Du gibst der Autorität des Zweiten Vatikanischen Konzils und des Heiligen Stuhles niemals ausdrücklich Deine Zustimmung – was eigentlich der Grund des ganzen Problems ist –, und Du stürzt Dich fortlaufend in die von Dir ausgelösten Aktionen gegen die gesetzliche Autorität, die Dich doch ausdrücklich gebeten hat, damit nicht fortzufahren. So bleibt es bei der Zweideutigkeit, die aus dieser zwiespältigen, mißverständlichen Haltung entstanden ist. Nachdem Wir die Sache geprüft haben, müssen Wir nun, wie versprochen, das mitteilen, was Wir beschlossen haben.

I. Du machst Dich in der Tat zum Anwalt und Wortführer der Gläubigen und der Priester, die „durch die Ereignisse in der Kirche hart getroffen sind" und mit Schmerzen glauben, daß der katholische Glaube und die wesentlichen Elemente der Überlieferung nicht hinreichend gewahrt werden und daß sich ein Teil des Gottesvolkes in seiner Lebenshaltung nicht danach richtet, zumindest in einigen Gebieten. Indessen liegt in Deiner Auslegung der Tatsachen und in der besonderen Aufgabe, die Du auf Dich genommen hast, wie auch in der Art und Weise Deines Handelns etwas, was das Gottesvolk irreleitet und Menschen, die guten Willens sind, täuscht, gerade jene, die mit Recht die Treue zum Glauben erstreben und die sich um ein besseres Verstehen und Ausführen der geistlichen und apostolischen Sache bemühen.

Wenn es heute in Glaubensfragen und in der Praxis des Sakramentenempfanges Abirrungen vom rechten Weg gibt, so ist das, wo immer auch dies geschehen mag, zweifellos auf das entschiedenste zu verurteilen. Das ist ja schon lange Unsere Sorge, und darauf richten Wir in der Glaubenslehre und in der Pastoralarbeit Unsere Aufmerksamkeit. Dennoch sind auch die sehr positiven Zeichen einer, wie man sagt, geistlichen Erneuerung des Lebens und eines wachsenden Verantwortungsbewußtseins bei vielen Katholiken nicht zu übersehen. Auch darf man die komplexe Ursache, die letztlich die Bedrängnisse bzw. die Krise auslöste, nicht vergessen: eine übergroße Umwälzung in dieser Zeit und Welt, die die Gläubigen zutiefst trifft, die aber andererseits um so größere apostolische Sorge um die Fernstehenden notwendig macht. Klar ist aber auch, daß es Priester und Gläubige gibt, die mit ihren eigenen Auslegungen und verkehrten Praktiken, die irrig, schädlich, ja sogar anstößig und manchmal auch sakrilegisch sind, den Namen des Konzils mißbrauchen. Diese Mißbräuche dürfen aber weder dem Vatikanischen Konzil selbst zugeschrieben werden noch dem Werk der Erneuerung, das von ihm zu

Recht verfügt worden ist. Hier zeigt sich vielmehr ein Mangel an echter Treue zum Glauben. Du aber willst die Gläubigen überzeugen, daß die eigentliche Ursache für die Krise nicht etwa dem falsch verstandenen Konzil, sondern dem Konzil an sich zuzuschreiben ist.

Mehr noch, Du schreibst Dir in dieser Hinsicht eine besondere Rolle zu. Aber die Verantwortung, zu berichtigen und Mißbräuche zu beseitigen, steht in erster Linie Uns zu und allen Bischöfen, die mit Uns zusammenarbeiten. Unablässig sind Wir bemüht und erheben Unsere Stimme, um abweichende und übertriebene Vorstellungen und Aktionen anzuprangern. Das haben Wir in der Rede, die Wir am 24. Mai dieses Jahres vor dem Heiligen Konsistorium gehalten haben, erneut ganz klar und offen zum Ausdruck gebracht. Mehr als jeder andere fühlen Wir Mitleid mit den Schmerzen der verunsicherten Christgläubigen, und Wir antworten auf die Klagen jener, die nach dem Glauben und nach einer christlichen Lebensführung dürsten. Wir haben in der Tat nichts unterlassen, um unsere Sorge zur getreuen Erhaltung der richtig verstandenen Überlieferung in der Kirche zu bekunden. Wir haben Unseren Willen gezeigt, mit Gottes Hilfe beizutragen, daß diese Kirche den Problemen der heutigen Zeit wie auch der Zukunft gerecht wird.

Schließlich ist Dein Verhalten widersprüchlich: etwa wenn Du sagst, Du willst die Mißbräuche, von denen die Kirche verunstaltet wird, heilen; wenn Du beklagst, daß die Autorität in der Kirche nicht genügend respektiert wird; wenn Du den wahren Glauben, das Ansehen des priesterlichen Amtes und die eucharistische Frömmigkeit in ihrem vollen Umfang, nämlich als Opfer und Sakrament, bewahren willst. Dieser große Eifer verdient an sich Unsere Zustimmung und Ermutigung, weil es ja um Dinge geht, die zugleich mit der Evangelisation und der Einheit der Christen immer brennendes Anliegen Unserer Sorge und der tiefste Grund Unseres apostolischen Dienstes bleiben. Wie kannst Du nun bei der Erfüllung dieser Aufgabe vorgeben, verpflichtet zu sein, das vor

10 Jahren abgeschlossene Konzil abzulehnen – und dies im Widerspruch zu Deinen Brüdern im bischöflichen Amt – und gleichzeitig dem Apostolischen Stuhl selbst zu mißtrauen, den Du als Rom mit neomodernistischer und neoprotestantischer Tendenz hinstellst, und Uns offen den gebührenden Gehorsam zu verweigern? Wenn Du wirklich „unter Unserer Autorität" wirken willst, wie Du in Deinem letzten privaten Schreiben versichert hast, müßtest Du zuerst diese Zweideutigkeiten und die feindlichen und widersprüchlichen Taten beenden.

II. Laß Uns nun zu den genau umschriebenen Forderungen übergehen, die Du im Gespräch vom 11. September vorgebracht hast. Du hast gebeten, das Recht auf Zelebration nach dem Ritus des Tridentinischen Konzils an verschiedenen Kultorten möge anerkannt werden. Du bleibst auch bei Deinem Vorsatz, die Ausbildung von Priesteramtskandidaten nach Deinen Kriterien, nämlich den „vorkonziliaren", in besonderen Seminaren, wie etwa im Seminar des Ortes Ecône, durchzuführen. In diesen und ähnlichen Fragen, auf die Wir noch einzeln eingehen werden, besteht der eigentliche Angelpunkt des ganzen Problemes, das ja im wahrsten Sinne des Wortes ein theologisches Problem ist, verborgen. Denn jene Fragen sind sozusagen nichts anderes als die bestimmten und konkreten Formen, in denen sich eine Ekklesiologie darstellt, die sich in ihren wichtigsten Kapiteln als völlig falsch erweist.

Es handelt sich um eine Frage, die man fundamental nennen muß. Nämlich um die Frage Deiner öffentlich erklärten Weigerung, die Autorität des Zweiten Vatikanischen Konzils und die des Papstes in ihrer Gesamtheit anzuerkennen; die Frage einer Ablehnung, die begleitet ist von einer Aktivität, die darauf ausgeht, zu verbreiten und zu organisieren, was man leider eine Rebellion nennen muß. Hier liegt der wesentliche, wirklich unannehmbare Punkt.

Ist es denn notwendig, Dich, Unseren Bruder im Bischofsamt, der sogar mit dem Titel eines Thronassistenten ausgezeichnet wurde, ermahnen zu müssen, daß Du verpflichtet bist, deswegen um so enger mit dem Stuhl Petri vereint zu sein? – Christus hat die oberste Autorität in seiner Kirche dem Petrus und dem Kollegium der Apostel übergeben, also dem Papst und dem Bischofskollegium „gemeinsam mit dem Haupt"; jedem gläubigen Katholiken ist klar, daß mit den Worten des Herrn an Petrus auch der Dienst, die Aufgabe, das Amt seiner gesetzlichen Nachfolger, nämlich der Päpste, gemeint ist: „Was Du auf Erden binden wirst, das wird auch im Himmel gebunden sein" (Mt 16,19); „Weide meine Schafe" (Joh 21, 16); „Stärke deine Brüder" (Lk 22, 32). Das Erste Vatikanische Konzil hat mit diesen Worten den dem Papst geschuldeten Gehorsam ausgedrückt: „Die Priester und Gläubigen aller Riten und Ämter, sowohl einzeln wie auch als Gesamtheit, sind dem hierarchischen Amt unterworfen und zu echtem Gehorsam verpflichtet, nicht nur in Sachen des Glaubens und der Sitten, sondern auch in jenen der Disziplin und der Leitung der Kirche in aller Welt, so daß bei Wahrung der Einheit in der Verbundenheit mit dem römischen Papst sowie des Glaubensbekenntnisses die Kirche Christi nur eine Herde unter einem Oberhirten ist" (Dogmatische Konstitution „Pastor aeternus", Kapitel 3; DS 3060). Was aber die Verbundenheit der Bischöfe mit dem Papst betrifft, so üben diese ihre Gewalt im Hinblick auf die Gesamtkirche auf feierliche Weise in den Konzilien aus, und zwar nach den Worten, mit denen Jesus alle Apostel zugleich angesprochen hat: „Alles, was ihr auf Erden lösen werdet, das wird auch im Himmel gelöst sein" (Mt 18, 18). Daraus folgt, daß Du mit Deinem Verhalten diese beiden Aussagen, aus denen die oberste Autorität hergeleitet wird, ablehnst.

Jeder Bischof ist unstreitig authentischer Lehrer kraft seines Amtes, denn es ist seine Aufgabe, das ihm anvertraute Volk im Glauben, der Denken und Tun bestimmt, zu unterrichten und Irrtümer abzuwehren, welche die

Herde gefährden. Dabei ist folgendes zu beachten: „Die Bischofsweihe überträgt mit dem Amt der Heiligung auch die Ämter der Lehre und der Leitung, die jedoch ihrer Natur nach nur in der hierarchischen Gemeinschaft mit Haupt und Gliedern des Kollegiums ausgeübt werden können" (Const. „Lumen Gentium", Nr. 21; vgl. Nr. 35). Allerdings hat der einzelne Bischof – zumal wenn er kein kanonisches Amt bekleidet – in der Ausübung seiner Aufgaben keine Vollmacht, allgemein für die Kirche zu bestimmen, was Glaubensnorm ist, und die Überlieferung auszulegen. Du jedoch willst für Dich allein über das, was in der Überlieferung enthalten ist, urteilen.

Du versicherst, daß Du der Kirche untertan und der Überlieferung getreu bist. Aber Du richtest Dich freilich nur nach einigen Normen vergangener Zeiten, d.h. nach Normen, die von den Amtsvorgängern dessen festgelegt wurden, dem Gott in dieser Zeit die dem Petrus übertragene Gewalt verliehen hat. Daher ist auch in diesem Fall die Auffassung von „Tradition", auf die Du Dich berufst, falsch. Die Tradition ist nicht eine erstarrte oder tote Gegebenheit, eine im gewissen Sinne statische Tatsache, die in einem bestimmten Augenblick der Geschichte das Leben des aktiven Organismus, den die Kirche, d.h. der mystische Leib Christi, darstellt, blockieren würde. Es ist Aufgabe des Papstes und der Konzilien, zu unterscheiden, was an dem der Kirche anvertrauten Glaubensgut unveränderlich ist. Wer es leugnet, wird dem Herrn Jesus Christus und dem Heiligen Geist untreu. Es ist aber auch Aufgabe des Papstes und der Konzilien, zu unterscheiden, was den veränderten Zeitumständen angepaßt werden muß, damit das Gebet und das Apostolat der Kirche, den sich wandelnden Gegebenheiten von Zeit und Ort entsprechend, besser ermöglicht werden und die Botschaft Gottes lebendiger in den heutigen Sprachgebrauch übersetzt und, ohne alle denkbaren Zweideutigkeiten, vermittelt wird.

Die Überlieferung läßt sich vom lebendigen Lehramt der Kirche ebensowenig trennen, wie die Tradition von der Heiligen Schrift getrennt werden kann: „Es zeigt sich ..., daß die Heilige Überlieferung, die Heilige Schrift und das Lehramt der Kirche ... so miteinander verknüpft und einander zugesellt sind, daß keines ohne die anderen bestehen und daß alle zusammen, jedes auf seine Art, durch das Tun des einen Heiligen Geistes wirksam dem Heil der Seelen dienen" (Dogmatische (Konstitution über die göttliche Offenbarung „Dei Verbum", Nr. 10).

So jedenfalls pflegten die Päpste und die Ökumenischen Konzilien, unter dem besonderen Beistand des Heiligen Geistes, zu handeln. Auch das Zweite Vatikanische Konzil hielt sich daran. In den Beschlüssen dieses Konzils und auch in den sich daraus ergebenden Reformen, mit denen Wir diese in die Praxis umzusetzen versuchten, findet sich nichts, was der 2000jährigen kirchlichen Überlieferung entgegenstünde, wenn man die grundlegenden und unveränderlichen Prinzipien in Betracht zieht. Verfechter und Garant dessen sind Wir, nicht kraft persönlicher Eigenschaften, sondern kraft des Amtes, das der Herr Uns, dem rechtmäßigen Nachfolger Petri, verliehen hat, wie auch kraft des besonderern Beistandes, den uns Christus – wie einst dem Petrus – zugesagt hat: „Ich aber habe für dich gebetet, damit dein Glaube nicht erlischt" (Lk 22, 32). Gemeinsam mit Uns sind die Bischöfe der ganzen Welt Verfechter und Garanten dieser Wahrheit.

Du darfst nicht mehr die bedenkliche Unterscheidung zwischen Dogmatik und Pastoral heranziehen, um bestimmte Texte des Zweiten Vatikanischen Konzils anzunehmen oder abzulehnen. Zwar verlangen nicht alle Beschlüsse des Konzils eine gleichrangige Zustimmung; nur die Aussagen, die in den endgültigen Akten der Konzilsbeschlüsse als Glaubenswahrheit oder als mit einer Glaubenswahrheit in unlösbarem Zusammenhang stehend qualifiziert sind, erfordern die Zustimmung des Glaubens. Aber auch die anderen Teile gehören zu den feierlichen Lehramtsentscheidungen der Kirche. Alle Gläubigen sind gehalten, sie vertrauensvoll anzunehmen und aufrichtig zu erfüllen.

Du hast Gewissensbedenken, wenn Du nicht immer einsehen kannst, daß gewisse Konzilstexte oder bestimmte Erlasse und Dekrete von Uns zur Durchführung der Konzilsbeschlüsse mit der gesunden kirchlichen Überlieferung, namentlich mit dem Konzil von Trient oder mit Aussagen Unserer Amtsvorgänger, übereinstimmen. Das betrifft z.B. die Kollegialität der Bischöfe mit dem Papst, die neue Meßordnung, den Ökumenismus, die Religionsfreiheit, den Dialog und die Evangelisation in der Welt von heute. Dieses Schreiben ist nicht der rechte Ort, diese einzelnen Sachfragen zu untersuchen. Aber der genaue Zusammenhang der Texte in den Dokumenten auf dem Hintergrund der darin enthaltenen Aussagen, die naturgemäß ein farbiges Spektrum von Nuancen ergeben, und damit verbunden die Aussage der authentischen Erklärungen und Kommentare, die allesamt helfen, die Materie gründlich und sozusagen objektiv zu durchforschen – das alles soll Dir helfen, die Dich quälenden Zweifel und Unsicherheiten zu überwinden. Vielseitig bewährte Ratgeber, in der Theologie und der geistlichen Wissenschaft bewandert, können Dir, vom göttlichen Licht erhellt, in dieser Hinsicht helfen. Auch Wir sind gerne bereit, Dir solche brüderliche Hilfe schnellstens zu geben. Aber wie kommst Du dazu, wegen Deiner eigenen Gewissensbedenken, d.h. infolge einer Dich bedrückenden persönlichen schweren Gewissensnot, die durchaus Unseren Respekt verdient, Dich zum öffentlichen Richter aufzuwerfen über Fragen, die rechtmäßig, praktisch einstimmig, angenommen bzw. ausgeführt worden sind, und sogar einen Teil der Gläubigen in diese ablehende Haltung mit hineinzuziehen?

Mögen nun auch die vorgebrachten Argumente dazu dienlich sein, die Anordnungen leichter zu befolgen (denn Wir wünschen ja sehr, daß die verunsicherten oder verstummten Gläubigen die schon wiederholt mitgeteilten Argumente in Weisheit, Redlichkeit und Demut annehmen), so sind sie jedoch an sich keineswegs notwendig für die Zustimmung im Gehorsam, die dem Ökumenischen Konzil und den Entscheidungen des Papstes gebührt. Hier geht es im letzten um die kirchliche Gesinnung.

Wenn Wir der Sache tiefer auf den Grund gehen, so sehen Wir Dich und Deine Anhänger eifrig bemüht, im kirchlichen Leben einer bestimmten und begrenzten Epoche unbeweglich zu verharren. Mit dieser Haltung brecht Ihr die Verbindung mit der Kirche ab, die immer lebendig war. Ihr fallt von den rechtmäßigen Hirten ab und tadelt die rechtmäßige Ausübung ihrer Ämter. Obleich Du einerseits den Niedergang in der Kirche – oder, wie Du sagst, den „Umsturz" – beklagst, lassen Dich andererseits sowohl die Anordnungen des Papstes wie auch die kanonischen Sanktionen, die Suspension „a divinis", ungerührt, wie Du zu erkennen gibst. Hast Du nicht in dieser Geisteshaltung ohne die vorgeschriebenen „Dimissorien" (Empfehlungsschreiben zur Weiheerteilung) der zuständigen Bischöfe und gegen Unser ausdrückliches Verbot Priester geweiht und eine Priestergemeinschaft begründet, die irregulär und in schwere Kirchenstrafen verstrickt sind? Dazu kommt noch die irrige Erklärung in Deiner Behauptung, das Dir erteilte Verbot – die Suspension „a divinis" – gelte nur für die Feier nach dem neuen Ritus, und dieser sei gegen menschliches und göttliches Recht in die Kirche eingeführt worden. Du gehst sogar so weit, diesen neuen Ritus schismatisch zu nennen, wohl in der Meinung, Du könntest der Kirchenstrafe entgehen, wenn Du die Sakramente nach den früheren Normen spendest und Dich damit den jetzt geltenden Normen widersetzt (vgl. 1 Kor 14,40).

Aus Deiner ebenso falschen Geisteshaltung kommt, daß Du die mißbräuchliche Feier der nach dem hl. Papst Pius V. benannten heiligen Messe beibehältst. Du weißt ganz genau, daß auch dieser Ritus das Ergebnis der im Laufe der Zeit eingetretenen Veränderungen war und daß der Römische Kanon auch heute das Erste Hochgebet geblieben ist. Das Werk der Erneuerung der Liturgie, das in unserer Zeit geleistet wurde, wurde durch das Konzil ausgelöst, begründet und ausgerichtet. Es schöpft aus der historischen Quelle der Liturgie. Dieses Werk der Erneuerung hat bewirkt, daß die Gläubigen reichlicher mit dem Wort Gottes gestärkt werden. Während sie viel lebendiger die Liturgie mitfeiern, bleibt der Dienst des Priesters, der in der Person Christi handelt, ungeschmälert. Wir haben diese Erneuerung mit Unserer Autorität als gültig anerkannt und verordnet, daß sie von allen Katholiken mitvollzogen wird. Wenn Wir entschieden haben, daß in dieser Sache kein Aufschub angebracht und keine Ausnahme zu gewähren ist, so wegen des Heils der Seelen und der Einheit der ganzen kirchlichen Gemeinschaft. Denn die Meßordnung ist ein hervorragendes Zeichen für die Einheit der Katholiken des lateinischen Ritus. Was Deinen Fall betrifft, ist das Festhalten am alten Ritus in Wirklichkeit der Ausdruck einer verfälschten Ekklesiologie, Mittel zur Bekämpfung des Konzils und seiner Reformen. Diese Absichten werden mit der Behauptung bemäntelt, daß nur im alten Ritus das echte Meßopfer und der wahre priesterliche Dienst gewahrt und der Zeichencharakter nicht verdunkelt werden. Wir weisen diese falsche Ansicht und die darin liegende ungerechte Beschuldigung entschieden zurück. Denn wir können nicht zulassen, daß die Eucharistie, das Sakrament der Einheit, Spaltungen herbeiführt (vgl. 1 Kor 11, 18) und als Instrument und Zeichen der Auflehnung benutzt wird.

Gewiß hat auch der sogenannte Pluralismus in der Kirche seinen Platz, aber nur in Dingen, die erlaubt sind, und innerhalb der Grenzen des Gehorsams. Das aber verstehen diejenigen nicht, die jede liturgische Erneuerung in Bausch und Bogen ablehnen, und noch weniger jene, die Christi reale Gegenwart und das eucharistische Opfer in Frage stellen. Ebensowenig kann eine Priesterausbildung, die keine Rücksicht auf das Konzil nimmt, geduldet werden.

Wir können daher Deinen Forderungen nicht entsprechen. Denn es handelt sich um Aktionen, die eine Rebellion gegen die eine und wahre Kirche sind. Du darfst davon überzeugt sein, daß diese Härte nicht etwa aus der Verweigerung gewisser Konzessionen auf der Ebene der Disziplin oder Liturgie stammt. Die Bedeutung Deiner Aktionen und ihr Beweggrund rechtfertigen nicht, einen absolut falschen Begriff von Kirche und Tradition einzuführen.

Darum müssen wir Dir, ehrwürdiger Bruder, im vollen Bewußtsein Unserer Pflichten offen sagen, daß Du Dich im Irrtum befindest. Und daher ermahnen wir Dich in der brüderlichen Liebe, mit der Wir Dir zugetan sind, und mit der Autorität, die auf Uns lastet, Deine Äußerungen und Aktionen zurückzunehmen, zurückzukehren zu guten Werken und aufzuhören, der Kirche Christi Wunden zu schlagen.

III. *Was erwarten Wir von Dir konkret?*

A) Vor allem und zuerst eine Erklärung für Uns selbst, aber auch für das ganze Gottesvolk, das ja ein Recht auf Klarheit hat und Zweideutigkeiten dieser Art nicht länger, ohne Schaden zu nehmen, hinnehmen kann. Diese Erklärung muß klar zum Ausdruck bringen, daß Du dem Zweiten Vatikanischen Konzil und allen seinen Dokumenten aufrichtig zustimmst, und zwar „sensu obvio", d. h. genau in dem Sinn, in dem sie von den Konzilsvätern erstellt und kraft Unserer Autorität gebilligt und öffentlich bekannt gemacht wurden. Diese Zustimmung zu den ökumenischen Konzilien war schon immer in der Kirche von Anfang an die Regel.

Zugleich muß aus dieser Erklärung klar hervorgehen, daß Du auch die Beschlüsse und Entscheidungen, die Wir nach dem Konzil zu seiner Ausführung mit Hilfe der verschiedenen Ämter des Heiligen Stuhles erlassen haben, annimmst, darunter ausdrücklich die Rechtmäßigkeit der Liturgiereform, besonders der neuen Meßordnung, wie auch Unser Recht anerkennst, zu verfügen, daß diese Reform vom gesamten christlichen Volk angenommen und praktiziert wird. Außerdem mußt Du die Verpflichtung der Bestimmungen des nun geltenden Kirchenrechts anerkennen, das zum größten Teil mit dem von Unserem Amtsvorgänger Benedikt XV. veröffentlichten Gesetzbuch des Kanonischen Rechtes, übereinstimmt, namentlich in dem, was die Kirchenstrafe betrifft.

Was nun schließlich Uns selbst angeht, mußt Du alle schwerwiegenden Anklagen und ungerechten Unterstellungen unterlassen und zurücknehmen, die Du öffentlich gegen Uns, gegen Unsere Rechtgläubigkeit und gegen Unsere treue Pflichterfüllung im Amt des Nachfolgers des hl. Petrus erhoben hast.

In gleicher Weise mußt Du die Verantwortung und das Recht der Bischöfe anerkennen, in ihren Diözesen Dir das Predigen und die Feier der Sakramente – Eucharistie, Firmung, Priesterweihe usw. – zu verbieten, wenn sie dies ausdrücklich tun.

Schließlich mußt Du versprechen, Dich aller Initiativen (wie Konferenzen, Publikationen ...), die zu dieser Erklärung im Gegensatz stehen, zu enthalten und überdies die von Dir ausgegangenen Initiativen, die ebenfalls im Gegensatz zur Erklärung stehen, zu widerrufen.

Das ist das Minimum, das jeder katholische Bischof akzeptieren muß; diese Zustimmung und Übereinstimmung lassen naturgemäß keinen Kompromiß zu. Sobald Du Uns zu erkennen gibst, daß Du Unsere Forderungen im Prinzip annimmst, geben Wir Dir konkrete Hinweise für die Abfassung der Erklärung. Das ist die erste Bedingung dafür, daß die Suspension „a divinis" aufgehoben werden kann.

B) Zu lösen bleibt ferner die Frage Deiner künftigen Tätigkeit, die Deiner Werke und vor allem das Problem Deiner Priesterseminare. Du wirst sicher einsehen, Ehrwürdiger Bruder, daß Wir wegen der zweideutigen und irregulären früheren und gegenwärtigen Aktionen die rechtliche Aufhebung der „Priesterbruderschaft des hl. Pius' X." auf keinen Fall zurücknehmen können. Denn diese ist dem Konzil und seiner Verwirklichung, um deren Förderung der Stellvertreter Christi so sehr bemüht war, feindlich entgegengetreten. Ein Beweis dieser Geisteshaltung ist Deine Erklärung vom 21. November 1974. Auf einem solchen Fundament kann kein Institut und keine Priesterausbildung, die den Notwendigkeiten der Kirche Christi entsprechen, aufgebaut werden, wie Unsere Kardinalskommission am 6. Mai 1975 völlig richtig geurteilt hat. Das beeinträchtigt aber auf keinen Fall das Gute in diesen Seminarien. Allerdings dürfen auch die Mängel in der Lehre der Ekklesiologie, von denen Wir sprachen, nicht übersehen werden. Auch die Erlaubnis zur Ausübung des priesterlichen Amtes in der Kirche unserer Zeit muß ordnungsgemäß sein. In dieser so unglücklichen und verworrenen Angelegenheit wird Uns die Sorge führen, nicht zu zerstören, sondern zu korrigieren und zu retten, was möglich ist.

Aus diesem Grund fordern Wir – als oberster Garant des Glaubens und des Priestertums – Dich auf, Uns die Verantwortung und Leitung Deiner Werke, vor allem der Seminarien, zu übergeben. Zweifellos bedeutet das für Dich ein schweres Opfer, ist aber zugleich auch ein Beweis Deines Vertrauens und Gehorsams. Das ist auch die unerläßliche Voraussetzung dafür, daß die erwähnten Seminarien, die allesamt keine kanonische Grundlage haben, vielleicht doch einmal in der Kirche ihren Platz finden.

Wenn Du diese Grundsätze annimmst, dann werden Wir imstande sein, für das Wohl aller betroffenen Personen Sorge zu tragen, immer vor Augen, die echten Berufungen zum Priestertum zu fördern und dabei auch die lehramtlichen, disziplinären und pastoralen Erfordernisse der Kirche zu befolgen. Dann werden Wir auch in der Lage sein, Deine Anliegen und Wünsche mit Wohlwollen anzuhören und gemeinsam mit den Ämtern Unserer Kurie angemessene und geeignete Maßnahmen zu treffen.

Was die von Dir widerrechtlich geweihten Priester betrifft, können die Sanktionen, die sie sich laut Kanon 985,7 und 2374 zugezogen haben, aufgehoben werden, wenn sie einen Beweis ihrer Einsicht zu erkennen geben, und namentlich die Erklärung, die Wir von Dir gefordert haben, unterzeichnen. Wir rechnen mit Deinem Verantwortungssinn und Deiner Liebe zur Kirche, daß Du ihnen diesen Weg bahnst.

Was schließlich die Gründungen, Ausbildungsstätten, „Priorate" und die anderen Institutionen angeht, die entweder von Dir selbst oder mit Deiner Förderung geschaffen wurden, gebieten Wir Dir gleichfalls, sie alle dem Heiligen Stuhl zu übergeben, der jeden Fall, entsprechend der jeweils verschiedenen Sachlage, mit dem Ortsbischof überprüfen wird. Ihr Weiterbestehen, ihre Organisation und ihr Apostolat werden Fall für Fall von den Übereinkommen abhängen, die mit den Ortsbischöfen zu treffen sind im Geist der obengenannten Erklärung. In der ganzen katholischen Kirche gilt die Regel: Nichts ohne den Bischof.

Alle in diesem Schreiben behandelten Punkte sind mit den Leitern der zuständigen Dikasterien gründlich überlegt worden und nur im Blick auf die Erneuerung der ganzen Kirche verfaßt worden. Du selbst hast Uns ja im Gespräch am 11. September versichert: „Ich bin für das Wohl der Kirche zu allem bereit!" Die Antwort liegt nun in Deinen Händen!

Wenn Du Dich – was Gott verhüten möge! – weigern solltest, die zustimmende Erklärung, die Wir von Dir fordern, abzugeben, bleibst Du suspendiert „a divinis". Dagegen darfst Du Unserer Vergebung und der Aufhebung der Suspendierung sicher sein, wenn Du aufrichtig und ohne Zweideutigkeit bereit bist, die in diesem Brief gestellten Bedingungen zu erfüllen und das hervorgerufene Ärgernis wiedergutzumachen. Der Gehorsam und das Vertrauen, die Du Uns erweisen wirst, werden ermöglichen, daß Wir mit Dir in aller Ruhe Deine Gewissensbedenken besprechen.

Der Heilige Geist erleuchte Dich und führe Dich zu einer Lösung Deines Konfliktes, die Dir den Frieden Deines Gewissens, der zeitweilig verloren ging, wieder gibt und darüber hinaus bewirkt, daß das Heil der Seelen gesichert und die Einheit der Kirche, für die zur Vermeidung der Gefahr eines Schismas zu sorgen der Herr Uns aufgetragen hat, gewahrt bleibt. Bei Deinem jetzigen Gemütszustand haben Wir Verständnis dafür, wie schwer es Dir fallen mag, die angesprochenen Fragen klar zu erfassen, und wie mühsam und hart es Dich ankommt, Deine Haltung in aller Demut zu ändern. Wäre es deshalb nicht geradezu notwendig – wie es in vielen ähnlichen Fällen geschieht –, daß Du Dir eine Zeit und einen Ort der stillen Einkehr suchst, wo Du Dich auf die notwendige Umkehr vorbereiten kannst? Brüderlich möchten Wir Dich vor dem Druck warnen, der von seiten jener auf Dich ausgeübt werden könnte, die wollen, daß Du weiter in einer unhaltbaren Position verharrst, während Wir selbst, alle Mitbrüder im Bischofsamt und die weitaus größere Mehrheit der Gläubigen von Dir endlich eine kirchliche Haltung erwarten, die Dir zur Ehre gereicht.

Um die Mißbräuche, die Wir beklagen, zu beheben und eine wahre geistliche Erneuerung in die Wege zu leiten und auch um die notwendiger denn je gewordene, mutige Evangelisation, zu der Uns der Heilige Geist mehr als zu irgendeiner anderen Zeit anspornt, zu leisten, braucht es heute der Hilfe und des entschlossenen Eifers der ganzen um den Papst und die Bischöfe gescharten kirchlichen Gemeinschaft. Dagegen führt das Aufbegehren der einen letztlich zum offenen Ungehorsam und droht noch das, was Du „Subversion" der anderen nennst, zu verstärken, wo Du doch, Ehrwürdiger Bruder, bar jeden Eigensinns – wie Du es zu wünschen in Deinem letzten Schreiben vorgabst –, durch Deine Treue und Unserer Autorität unterworfen, helfen könntest beim Fortschritt der Kirche. Somit nimm denn, Ehrwürdiger Bruder, diese inständigen Bitten des demütigen und zugleich rechtmäßigen Nachfolgers Petri mit aller Offenheit und wahrhaft religiösem Sinn auf. Mögest Du den Ernst der Stunde ermessen und die einzig richtige Entscheidung treffen, die einem Sohn der Kirche angemessen ist. Das ist unsere Hoffnung, das ist unser Gebet.

Aus der Vatikanstadt, den 11. Oktober 1976, im 14. Jahr Unseres Pontifikates

Papst Paul VI.

Anmerkungen

EINFÜHRUNG

[1] Vgl. *M. Lefebvre,* J'accuse le Concile (Editions St. Gabriel, Martigny/Schweiz, 1976) bes. 6ff., 107ff., 112.

[2] Neben Y. Congars Buch sei empfohlen *J. Anzévui,* Das Drama von Ecône. Geschichte, Analyse und Dokumente (Verlag Valprint, Sitten 1976) 13ff. (Geschichtlicher Überblick, vgl. auch die Chronologie 86ff.), 90ff. (Sammlung der wichtigsten Dokumente). – Zur neueren Information vgl. auch folgende Berichte: Nachhutgefechte zur Liturgiereform, in: Herder-Korrespondenz 30 (1976) 176–178; Entspannung im Fall Lefebvre?, ebd. 496–499; *A. Ebneter,* Muß der Streit um die Messe die Kirche spalten?, in: Orientierung 40 (1976) 40–44; *ders.,* Lefebvres widersprüchlicher Widerspruch, ebd. 191–195.

[3] Zur Person und Bibliographie vgl. ausführlich *J.-P. Jossua,* Le Père Congar. La théologie au service du peuple de Dieu = Chrétiens de tous les temps 20 (Paris 1967); *M.-J. Le Guillou,* P. Yves M.-J. Congar O.P., in: *H. Vorgrimler, R. Vander Gucht* (Hg.), Bilanz der Theologie im 20. Jahrhundert. Bahnbrechende Theologen (Freiburg 1970) 181–199; *Y. Congar,* Une passion: unité. Réflexions et souvenirs 1929–1973 = Foi vivante 156 (Paris 1974); *Chr. Frey,* Mysterium der Kirche – Öffnung zur Welt. Zwei Aspekte der Erneuerung französischer katholischer Theologie = Kirche und Konfession 14 (Göttingen 1969).

[4] Vgl. *Y. Congar,* Cette Eglise que j'aime = Foi vivante 70 (Paris 1968); *ders.,* A mes frères = Foi vivante 71 (Paris 1968); *ders.,* Au milieu des orages. L'Eglise affronte aujourd'hui son avenir (Paris 1969).

[5] Vgl. dazu bes. *E. Poulat*, Intégrisme et catholicisme intégral (Paris/Tournai 1969); *H. Jedin* (Hg.), Handbuch der Kirchengeschichte VI/2 (Freiburg i.Br. 1973) 446ff., 475ff. u.ö.; *W. Bökenkamp*, Die Saat des Charles Maurras, in: Frankfurter Allgemeine Zeitung vom 11. November 1976 (Nr. 255), S. 10.

[6] Vgl. exemplarisch das Sonderheft von Wort und Wahrheit: Der Zustand der römisch-katholischen Kirche. Eine Enquete unter Christen, 27 (1972), Heft 2; *K. Lehmann, K. Rahner* (Hg.), Marsch ins Getto? Der Weg der Katholiken in der Bundesrepublik (München 1973); *H. Maier*, Der deutsche Katholizismus seit 1945. Zeitgeschichtliche Perspektiven und aktuelle Folgerungen, in: Herder-Korrespondenz 30 (1976) 490–496; *K. Forster*, Idee und Realität in der Bundesrepublik Deutschland, in: Internationale katholische Zeitschrift 5 (1976) 556–575; *A. Bauch, A. Gläßer, M. Seybold* (Hg.), Zehn Jahre Vaticanum II (Regensburg 1976).

[7] Näheres in: Gemeinsame Synode der Bistümer in der Bundesrepublik Deutschland. Beschlüsse der Vollversammlung. Offizielle Gesamtausgabe I (Freiburg ^{2}1976) 21–67 (Lit.).

[8] Vgl. *K. Lehmann*, Thesen zur Diagnose des Getto-Verdachtes, in: Marsch ins Getto? (vgl. oben Anm. 6) 109–116.

[9] Vgl. *D. A. Seeber*, Der Fall Lefebvre, in: Herder-Korrespondenz 30 (1976) 537–539.

[10] Zur Sache vgl. außer den einschlägigen Kommentaren *J. Hamer, Y. Congar* (Hg.), Die Konzilserklärung ‚Über die Religionsfreiheit' = Konfessionskundliche und kontroverstheologische Studien 20 (Paderborn 1967); *E.-W. Böckenförde*, Kirchlicher Auftrag und politische Entscheidung = Rombach Hochschul-Paperback 55 (Freiburg i. Br. 1973) 172–205.

[11] Weitere Dokumente, besonders aus dem Bereich der Schweizer Bischofskonferenz, finden sich bei *J. Anzévui*, Das Drama von Ecône, 90ff. (vgl. ebd. den bisher vertraulichen Brief von Kardinalstaatssekretär Villot an die Vorsitzenden der Bischofskonferenzen, 123ff.).

HAUPTTEIL

[1] Vgl. La vie catholique, Nr. 1616, 18.–23. August 1976, S. 14.

[2] „Glaubenserklärung" von Erzbischof Marcel Lefebvre, 21. November 1974. Dieser Text (siehe Anhang, Dokument 1) hat den Hl. Stuhl zu seiner Handlungsweise bestimmt.

[3] Vgl. *M. Lefebvre*, J'accuse le Concile (Martigny 1976) 33, 85.

[4] Vgl. *M. Lefebvre,* Un évêque parle (Paris 1974, ³1976) 170, 313 u. 314, 322 u. 323.
[5] Diese drei Zitate sind Vorträgen entnommen, die Lefebvre unter dem Titel „Un évêque parle" (a. a. O.) veröffentlicht hat: S. 196, 197, 288. Vgl. auch den Brief vom 17. Juli 1976 an Paul VI. (Text im Anhang). Anklänge an solche Argumentionen finden sich auch bei Bischof *Rudolf Graber,* Anthanasius und die Kirche unserer Zeit (Abensberg 1973).
[6] Paris 1950, 604–622.
[7] Für ein weitergehendes Interesse empfehlen sich: *J. Labasse,* Hommes de droite, hommes de gauche (Paris 1947), Kap. I; Chronique sociale de France, Nr. 7–8 (1956); *M. Garrigou-Lagrange,* Intégrisme et national-catholicisme, in: Esprit (Nov. 1959) 515–543; *J. Maître,* Le catholicisme d'extrême-droite et la croisade antisubversive, in: Revue française de sociologie 2 (April-Juni 1961); *E. Poulat,* Intégrisme et catholicisme intégral (Paris 1969).
[8] Vgl. *J. Anzévui,* Das Drama von Ecône. Geschichte, Analyse und Dokumente (Sitten 1976).
[9] So hat er z. B. die Verbindung von „La Cité catholique" mit der Rundschau „Verbe" in den Jahren 1957 ff. begünstigt; er drängte auf die Propagierung einer auf Privateigentum aufbauenden Sozialstruktur, während in Afrika vor allem eine auf Gemeineigentum beruhende vorherrscht. In „La France catholique" erschien am 18. 12. 1959 ein Artikel unter dem Titel: Les Etats chrétiens vont-ils livrer l'Afrique noire à l'Etoile? (Werden die christlichen Staaten das schwarze Afrika seinem Schicksal überlassen?), der sich gegen die Unabhängigkeitsbewegung wandte und dem Islam vorwarf, ein Vorbote des Kommunismus zu sein (Senegal ist zu 80% islamisch). Vgl. *J. B. Cisse,* La longue poursuite d'un mirage intégriste, in: Afrique nouvelle Nr. 1415 (11.–17. August 1976) 12–16, und Nr. 1416 (18.–24. August 1976) 18–20.
[10] Erzbischof Lefebvre war aktives Mitglied des „Coetus internationalis patrum", der Konzilsväter gleicher Interessenlage vereinigte und fallweise konzertierte Aktionen vorbereitete, wie etwa bei der Eingabe von modi oder auch bei Abstimmungen. Er intervenierte in seinem Sinne mit einer Kritik der Kollegialität (11. 10. 1963 in mehr pastoraler Perspektive; 10. 11. 1963 zum Prinzip) oder der Religionsfreiheit (24. 10. 1964; 20. 9. 1965, dann 17.–19. 11. 1964 Petition um einen Aufschub).
[11] Die „Action française" ist eine um die Jahrhundertwende unter der geistigen Führerschaft des Schriftstellers Charles Maurras hochgekommene antiliberale, royalistisch-nationalistische, antise-

mitische Bewegung, die um die Bundesgenossenschaft der katholischen Kirche als der Kirche der Ordnung warb und bis in höchste Kreise Anhang fand. Die scharfe Kritik der 1908 gegründeten Zeitung „Action française" galt den Ideen der christlichen Demokraten. Wegen der agnostisch positivistischen Einstellung von Ch. Maurras wurden einige seiner Schriften unter Pius X. vom Hl. Offizium indiziert. Doch wurde die Verurteilung der „Action française" erst 1926 unter Pius XI. rechtsgültig. Nachdem Maurras 1937 seine Haltung widerrufen hatte, wurde die Verurteilung unter Pius XII. im Jahre 1939 wieder aufgehoben. Die „Action française", die dem Marschall Pétain im Zweiten Weltkrieg treu geblieben war, wurde nach Kriegsschluß aufgelöst. Vgl. *R. Havard de la Montagne*, Histoire de l'Action Française (Paris 1950).

[12] Der Ausdruck „protestantische Messe", „Luthermesse" für die erneuerte Eucharistiefeier, die Unterstellung, daß *„sich möglicherweise* in den höchsten römischen Organen Personen befänden, die den Glauben verloren haben" (Un évêque parle, 200), daß Mgr. Bugnini Freimaurer sei ...! Hätte man ihn dann zum Nuntius ernannt? Diese Anschuldigung, die von dem wenig qualifizierten Magazin „Il Borghese" verbreitet und sogar auf den Papst und verschiedene Kardinäle ausgedehnt wurde, wird von P. Bruckberger aufgegriffen.

[13] Baron Eckstein bemerkte bereits zur Zeit der Restauration: „Wenn man sagt: Freimaurer, Revolution, so glaubt man damit schon dem gesunden Menschenverstand Genüge getan und die gesamte Geschichte erklärt zu haben" (Vgl. La vie intellectuelle, 25. Juni 1936).

[14] Die Meinung, es habe eine von den Vorbereitungskommissionen organisierte Verschwörung gegeben, einen schon im voraus ausgeheckten Plan, die guten „traditionellen" Texte durch liberale und „modernistische" zu ersetzen (vgl. Un évêque parle, 190), findet sich mehrmals in Un évêque parle. Diese Behauptung stützt sich hauptsächlich auf 1. das Gefühl, das die Freunde von Mgr. Lefebvre während des Konzils von dieser Sache hatten (vgl. ebd., 102, 191), 2. das Buch von *R. M. Wiltgen*, The Rhine flows in the Tiber; the unknown Council (New York City 1967). – Die Intervention der Kardinäle Liénart und Frings am 13. Oktober 1962, die den Antrag stellten, die Abstimmung zur Wahl der 160 Mitglieder der zehn Kommissionen zu vertagen, damit die Konzilsväter einander kennenlernen und sich absprechen könnten, wird als der Ursprung allen Übels dargestellt, als Durchbruch, durch den das Komplott seinen Siegeszug angetreten habe. Erzbischof Lefebvre behauptet, die

Listen seien schon vorbereitet gewesen, und zwar von mehr oder weniger neomodernistischen Leuten. Das ist völlig falsch. – In seinem Brief vom 17. Juli 1976 an Paul VI. (Text in: Le Monde, 29./30. August 1976, 15) schreibt Lefebvre: „Möge Eure Heiligkeit doch dieses verhängnisvolle Unternehmen des Kompromisses mit den Ideen des modernen Menschen aufgeben, ein Unternehmen, das aus dem geheimen Einvernehmen zwischen hohen Würdenträgern der Kirche und solchen der Freimaurerlogen, das schon vor dem Konzil bestand, herrührt." Daß diese Überzeugung nicht nur der „Action française" eigen ist, sondern in typischer Weise einer konservativen Einstellung entspricht, wird auch aus der Anm. 5 genannten Schrift von Bischof R. Graber ersichtlich.

15 Andere Gegner der Reformen des Konzils oder Papst Paul VI. sind formell Anhänger des 1952 verstorbenen Charles Maurras (vgl. Anm. 11) wie z. B. Jean Madivau, oder Georges de Nantes, welch letzterer übrigens nicht mit Erzbischof Lefebvre übereinstimmt.

16 Vgl. Pressekonferenz vom 15. September 1976, in: *J.-A. Chalet,* Monseigneur Lefebvre (Paris 1976) S. 241.

17 Vgl. den vollständigen Text auf S. 99–101.

18 Vgl. *J.-Th. Foisset,* Vie du R. P. Lacordaire II (Paris 1870) 104.

19 Vgl. *A. J. Macdonald,* Episcopi vagantes in church history (London 1945); *H. A. T. Brandreth,* Episcopi vagantes and the Anglican Church (London 1947).

20 Vgl. *M. Lefebvre,* Un évêque parle, 228f. u. 275f.

21 *G. Oury,* La messe de saint Pie V à Paul VI (Solesmes 1975); *P. Nau,* Le mystère du Corps et du Sang du Seigneur. La messe d'après saint Thomas d'Aquin, son rite d'après l'histoire (Solesmes 1976); *A. Richard,* Le mystère de la messe dans le nouvel Ordo (Paris 1970).

22 Vgl. *M. Lefebvre,* Un évêque parle, 201.

23 Erzbischof Lefebvre anläßlich der Spendung des Sakraments der Firmung im Wagramsaal am 4. 10. 1975 *(M. Lefebvre,* Pour l'honneur de l'Eglise [Paris 1976] 20). – Zu diesen Behauptungen (für Erzbischof Lefebvre ist der erneuerte Ritus „untauglich") vgl. *M. Lefebvre,* Un évêque parle, 286f.

24 Erzbischof Lefebvre interpretiert „Gedächtnis" ständig im Sinn einer bloßen Erinnerung und den „Einsetzungs*bericht*", wie wenn es sich um eine bloße Erzählung handelte. Er scheint nichts davon zu wissen, was die Bibel- und Liturgiewissenschaft über den Sinn von „Gedächtnis" als Gegenwärtigung eines heilsgeschichtlichen Ereignisses festgestellt haben: Vgl. *H. Gross,* Zur Wurzel zkr, in: Biblische Zeitschrift 4 (1960) 227–237; *B. S. Childs,* Memory and Tradition in Israël (London 1962); *W. Schottrof,* „Gedenken" im Alten

Orient und im Alten Testament. Die Wurzel Zakar im semitischen Sprachkreis (Neukirchen 1964). – Vgl. für die thomistische Auffassung *P. Nau*, a. a. O. – Für die traditionelle Auffassung mag der Hinweis auf Johannes Chrysostomus, den Kirchenlehrer und Verfasser der bekannten Chrysostomus-Liturgie genügen: „Es ist kein anderes Opfer, sondern das gleiche, das wir jeden Tag darbringen: oder vielmehr, wir begehen das Gedächtnis eines Opfers ... Es ist klar, daß wir kein anderes Opfer darbringen, sondern nur das Gedächtnis dieses einzigen und heilbringenden Opfers vollziehen" (In Hebr. hom. 7, Nr. 3: PG 63, 131). Vgl. auch Concilium Tridentinum, Sess. XXII, Cap. 1 (DS 1743, NR[8] 599), das can. 3 (DS 1753, NR[8] 608), auf den es verweist, erklärt.

Die Gegner der Messe Pauls VI. argumentieren mit Nachdruck unter Bezugnahme auf Nr. 7 der „Institutio generalis", die dem Meßbuch von 1969 vorangestellt ist. Man hat zugegeben, daß dieser Text zwar nicht absolut falsch war, aber doch nicht hinreichend klar und umfassend das ausdrückte, was die Kirche in der Feier der Eucharistie bewußt vollzieht. Der Text wurde in der Ausgabe vom 26. März 1970 verbessert. Dieser ist nun gültig. Es gibt nichts gegen ihn einzuwenden; vgl. aber darüber Erzbischof *Lefebvres*, Un évêque parle, 201, 281, wo summarisch und ohne eingehende Prüfung behauptet wird, „die daraufhin vorgenommene Verbesserung ist keineswegs befriedigend", – was falsch ist.

[25] Vgl. *M. Lefebvre*, Un évêque parle, 275 f.

[26] Deutsche Ausgabe: Eucharistie. Einheit am Tisch des Herrn? (Mainz/Stuttgart 1963); französisches Original: L'Eucharistie. Mémorial du Seigneur, sacrifice de grâce et d'intercession (Neuchâtel 1959).

[27] Vgl. La Documentation catholique, Nr. 1701, 1. Juli 1976, 649.

[28] In meinem umfangreichen Buch „Der Laie. Entwurf einer Theologie des Laientums" (Stuttgart 1956 u. ö.) hatte ich meine Erörterung über die Ausübung der klassischen Funktionen des Priesters, Königs und Propheten durch Laien mit der Unterscheidung zwischen diesen Funktionen als Ausübung der Taufwürde oder aber als „hierarchisches" Amt und als „Vollmacht" begründet.

[29] Ich habe dazu in meinem Beitrag „L'»Ecclesia« ou communauté chrétienne, sujet intégral de l'action liturgique", in: La liturgie après Vatican II = Unam Sanctam 66 (Paris 1967) 241–282, zahlreiche Zeugnisse beigebracht.

[30] Sitzung XXII: Doctrina de ss. Missae officio, Cap. 1 (DS 1741, NR[8] 597).

[31] In diesem Zusammenhang verweisen wir auf das bereits zitierte

Buch von Dom *Guy Oury,* La messe de saint Pie V à Paul VI (Solesmes 1975).

32 Wir haben das Thema Schisma und Häresie in unserem Beitrag: Die Wesenseigenschaften der Kirche, in: Mysterium salutis IV/1 (Einsiedeln 1972) im Abschnitt über „Die Abspaltungen von der Einheit" behandelt. Vgl. 411 ff. – Die franz. Originalfassung L'Eglise une, sainte, catholique et apostolique = Mysterium salutis 15 (Paris: Ed. du Cerf) erschien bereits 1970.

33 *Cyprian,* De Catholicae Ecclesiae unitate, cap. 17.

34 *Cajetan de Vio,* Comm. in S. th. II–II, q. 39, a. 1.

35 Vgl. *M. Lefebvre,* Un évêque parle, 273.

36 Und in seiner Ansprache am 4. Juli 1976 während der Messe, die Abbé Denis Roch, ein Neupriester, in Genf feierte: „Wer weiß, ob Ecône nicht der kleine David ist, der auf Gott vertraut, um Goliath zu bekämpfen, der den Menschen vertraut, der die Kirche durchdrungen hat, um die Welt durch menschliche Mittel zu bekehren?". – In der Pressekonferenz vom 15. September 1976: „In dem Maße, wie der Papst sich vom Glauben aller Zeiten entfernt, ist er es, der ein Schisma herbeiführt, nicht wir."

37 Ich habe dazu eine umfassende Dokumentation in meinem bereits genannten Werk „Der Laie" vorgelegt, vor allem Kap. 5, sowie in Quod omnes tangit, ab omnibus tractari et approbari debet, in: Revue historique de droit français et étranger 36 (1958) 210–259.

38 Die besten Erklärungen dazu geben *J. Ratzinger,* Die bischöfliche Kollegialität nach der Lehre des Zweiten Vatikanischen Konzils (1965), in: *ders.,* Das neue Volk Gottes (Düsseldorf 1969) 171–200; *G. Philips,* L'Eglise et son mystère au Deuxième Concile de Vatican, Bd. I (Paris 1967) 277–316; *H. de Lubac,* Les Eglises particulières dans l'Eglise universelle (Paris 1971). – Zur Geschichte vgl. u.a. *J. Lécuyer,* Etudes sur la collégialité épiscopale (Le Puy/Lyon 1964); sowie *Y. Congar,* Ministères et communion ecclésiale (Paris 1971) [95–122.

39 *Cyprian,* De Catholicae Ecclesiae unitate, cap. 5.

40 Die Integralisten haben ein – zugegebenermaßen – anfechtbares Wort, das wir nach der Konzilsabstimmung über das Bischofskollegium geschrieben haben, in beleidigender Weise mißbraucht: „Die Kirche hat friedlich ihre Oktoberrevolution gemacht" (*Y. Congar,* Le concile au jour le jour. Deuxième session [Paris 1964] 215). Man wollte darin eine Bestätigung einer Sowjetisierung der Kirche sehen! Es ist jedoch nichts weiter als das weder sehr gute noch sehr glückliche Wort eines Autors. Ihm einen anderen Wert zu geben, bedeutet, ihm einen Sinn zu unterstellen, den es nie hatte und den wir eindeutig zurückweisen.

[41] Erzbischof *Lefebvre* in: Lettre aux amis et bienfaiteurs, Nr. 7 (1. Oktober 1974), zit. bei *J. Anzévui*, a.a.O. 61.
[42] L'Aurore, 22. Januar 1976.
[43] Die Konzilsinterventionen von Erzbischof Lefebvre finden sich in seinem Band „J'accuse le Concile!" a.a.O. 32–49, 74–76, 95–98. Er versteht „Freiheit" im Sinne von freier persönlicher Entscheidung (vgl. ebd. 97).
[44] *J. Courtney Murray*, Zum Verständnis der Entwicklung der Lehre der Kirche über die Religionsfreiheit, in: *J. Hamer, Y. Congar* (Hg.), Die Konzilserklärung ‚Über die Religionsfreiheit' (vgl. oben Anm. 10 der Einführung zur deutschen Ausgabe) 125–165. Dazu auch die Intervention von Kardinal *Journet*, S'opposer aux erreurs par les armes de lumière, in: La Documentation catholique 62 (1965) 1799–1800, die mit den Worten schließt: „Die Deklaration scheint mir volle Zustimmung zu verdienen."
[45] Heidelberg 1950; französisches Original: Humanisme intégral (Paris 1935).
[46] *J.-A. Chalet*, Monseigneur Lefebvre (Paris 1976) 217. In seiner Pressekonferenz vom 15. September 1976 sagte Erzbischof Lefebvre: „Ich sprach von Argentinien, aber ich hätte genausogut Chile als Beispiel nennen können" (zit. ebd., 246).
[47] Vgl. Le Figaro, 4. August 1976.
[48] Vgl. dazu *Y. Congar*, La tradition et les traditions, 2 Bde (Paris 1961/1963), davon dt. nur: Die Tradition und die Traditionen, Bd. I (Mainz 1965); *ders.*, Tradition und Kirche = Der Christ in der Welt IV/1b (Aschaffenburg 1964).
[49] Vgl. La Croix, 20. August 1976.
[50] Vgl. *R. Raymond*, Vivre notre histoire (Paris 1976) 144.
[51] Athanasius und die Kirche unserer Zeit, a.a.O.
[52] Vgl. *P. Hazard*, Die Krise des europäischen Geistes 1680–1715 (Hamburg 1948, [5]1965); *ders.*, Die Herrschaft der Vernunft. Das europäische Denken im 18. Jahrhundert (Hamburg 1949).
[53] *I. Kant*, Beantwortung der Frage: Was ist Aufklärung (1783) A 481, in: *I. Kant*, Werke IX, ed. Weischedel (Darmstadt 1968) 53.
[54] Vgl. *H. Daniel-Rops*, L'Eglise des temps classiques II. L'ère des grands craquements (Paris 1958) = Histoire de l'Eglise du Christ V/2; *ders.*, L'Eglise des révolutions, 3 Bde. = Histoire de l'Eglise du Christ VI (Paris 1960–1965). [55] Vgl. oben Anm. 14.
[56] Geb. 1913, Professor für neuere Geschichte an der Sorbonne.
[57] Der Papst aus dem Ghetto (München [7]1959) 104.
[58] Ein Beispiel für die Verallgemeinerung: „Was bleibt sechs Jahre nach dem Abschluß (des Konzils) von unserer Liturgie noch mehr

als Bruchstücke? Was bleibt von unserer Theologie, außer einer niederträchtigen Mischung aus Marxismus, Freudianismus, Szientismus und Soziologie? ... Was bleibt von unserer Verkündigung, außer einer kindischen Demagogie, die einen alten radikalsozialistischen Parlamentarier nur entmutigen könnte?" (*P. Bruckberger*, in: L'Aurore vom 8. 1. 1976). Ist das seriös? Nein. – Ich könnte auch einen Abschnitt aus dem Artikel „Nous sommes des misérables" zitieren, den *J.-M. Paupert* am 1. 9. 1976 in „Le Monde" veröffentlicht hat.

59 *D.-P. Auvray*, Où va la messe? In: Carrefour (14. Juli 1976) 4.

60 *Justin*, Apologia I, cap. 65, 5.

61 *L. Bouyer*, L'improvisation liturgique dans l'Eglise ancienne, in: La Maison-Dieu, Nr. 111 (1972/73) 7–19. Der ganze Faszikel behandelt das Thema „Kreativität und Liturgie".

62 Es tut mir leid, daß ich darauf nicht eingehen kann, aber ich bin wirklich inkompetent. Ich habe deshalb schon oft Klagen gehört. Einer meiner Briefpartner schreibt: „Die Katechese wurde übrigens kritisiert, so etwa von Kardinal Daniélou (Pourquoi l'Eglise? [Paris 1972] 64), Mgr. Elchinger (La liberté d'un évêque. M. Léonard interroge Mgr. Elchinger [Paris 1976] 144–172), sowie vom Papst selbst (Ansprache an das Konsistorium vom 24. Mai 1976: vgl. bes. S. 108f. in diesem Band): er hat an anderer Stelle eine solide, exakte und einprägsame katechetische Grundlage gefordert (La Documentation catholique, Nr. 1676, 18. Mai 1975, S. 454). Er scheint also vorauszusetzen, daß die gegenwärtige Katechese diese Qualitäten nicht hat?"

63 Ein Beispiel: Das Buch von Abbé *J. Kamp*, Credo sans foi et foi sans credo (Paris 1974) wurde von Kardinal Suenens scharf kritisiert (Vgl. La Documentation catholique, Nr. 1669, 2. Februar 1975, 143–144). Wir haben es selbst rezensiert in: Revue des sciences philosophiques et théologiques 59 (1975) 213. Vgl. dazu auch die Diskussionen der Professoren von Löwen mit dem Autor in: Revue théologique de Louvain 6 (1975) 267–272 und 388–401. Auch die Diskussion um die Bücher von Hans Küng war sehr aktiv und sogar noch radikaler, vgl. nur für den deutschen Sprachraum *H. Häring*, *J. Nolte* (Hg.), Diskussion um Hans Küng „Die Kirche" (Freiburg i. Br. 1971); *K. Rahner* (Hg.), Zum Problem Unfehlbarkeit. Antworten auf die Anfrage von Hans Küng = Quaestiones disputatae 54 (Freiburg i. Br. 1971); *H. Küng* (Hg.), Fehlbar? Eine Bilanz (Zürich 1973) (Bibl.); Diskussion über Hans Küngs „Christ sein", von *H. U. v. Balthasar u. a.* (Mainz 1976), dazu wieder *H. Küng*, Antwort an meine Kritiker, in: Frankfurter Allgemeine Zeitung (22. Mai

1976) Nr. 119 und *H. U. v. Balthasar,* Antworten und Fragen an Hans Küng, ebd. (5. Juli 1976) Nr. 121, S. 21.

64 Vgl. *J. Maritain,* Der Bauer von der Garonne. Ein alter Laie macht sich Gedanken (München 1969). [1950).

65 *A. Neher,* Amos, contribution à l'étude du prophétisme (Paris

66 Es mag dabei bleiben. Dennoch erscheint uns die Behauptung doppeldeutig. Denn dies kann besagen: einschließlich der gegenwärtig bestehenden Unordnungen und Ungerechtigkeiten. Es kann aber auch heißen: ohne die Regierung zu stürzen oder die Verfassung zu ändern, aber durch die Herbeiführung der nötigen Reformen. Man wird indessen darauf insistieren: das System, die Ordnung der Dinge müssen in Frage gestellt werden, um wahrhaft zu jenen Reformen zu gelangen, welche die Gerechtigkeit erfordert... [2, 1–9; 4, 13–5,6.

67 Vgl. Am 2,6ff.; 8,5–6; Jes 1,17; 58,3–12. Vgl. dazu Jak 1,20;

68 „Pour une Eglise partisane" ist der Titel eines Buches meines Mitbruders *Alain Durand* (Paris 1974), das den Text „Lourdes 1972" kritisiert. – Vgl. das Werk: Lourdes 1972. Politique, Eglise et Foi (Paris 1972). Vor allem aber verweisen wir auf das Apostolische Schreiben Pauls VI., Octogesima adveniens, vom 14. Mai 1971, das man unbedingt aufmerksam lesen sollte, vgl. Apostolisches Lehrschreiben Octogesima adveniens = Nachkonziliare Dokumentation 35 (Trier 1971), auch in: Texte zur katholischen Soziallehre (I) (Kevelaer ^{3}1976) 487–523; wir nennen hier auch unsere Bücher: Ministères et communion ecclésiale (Paris 1971) 229–259 („Einheit und Pluralismus") und Un peuple messianique. Salut et libération (Paris 1975).

69 Vgl. z. B. *J. Tessier,* Une très grande question, in: La Croix vom 18. August 1976, gegen eine Art Monopol, die von den Bewegungen „marxistischer Option" ausgeübt wird.

70 Ansprache Johannes' XXIII., gehalten bei der feierlichen Besitzergreifung seiner Bischofskirche, der Lateranbasilika, am 23. November 1958, vgl. Herder-Korrespondenz 13 (1958/59) 175f. *H.-M. Féret,* der diesen Text (La théologie concrète et son importance pastorale présente, in: Le service théologique dans l'Eglise [Paris 1975] 193–247) zitiert, führt auch eine Rede vom 27. 11. 1958 an, die zur Eröffnung des Studienjahres im Lateranseminar gehalten wurde: „Das Buch, das große göttliche Buch lesen ... mitgerissen von der betenden Stimme christlicher Jahrhunderte ... Es geht nicht nur um eine schlichte Betrachtung der religiösen Wahrheit oder einer Wahrheit, die mit der theologischen oder philosophischen Lehre im Zusammenhang steht, sondern auch um praktische

Ableitungen und Direktiven für das Apostolat der Seelen" (in: La Documentation catholique, 21. Okt. 1958, 1624f.).

[71] Das in Anm. 5 genannte kleine Buch von Bischof Graber könnte ihnen Material dazu bieten. [72] Vgl. oben Anm. 63.

[73] Das gelegentlich vorgebrachte Beispiel des Athanasius ist unbrauchbar. Zunächst muß das Wort des Hieronymus über die Welt, die bei ihrem Erwachen arianisch gewesen sei, etwas eingeschränkt werden. Es gab treue Bischöfe, es gab, wie Newman gezeigt hat, die Laien. Die Päpste, außer einen Augenblick lang der arme, eingeschüchterte Liberius, haben Athanasius unterstützt. Aber auch wenn nach allem auf formaler Ebene das Beispiel *eines* treuen Bischofs angeführt werden könnte, so ist doch die Situation der gegenwärtigen Kirche in keiner Weise vergleichbar mit jener der Jahre 325–362. Es gibt Fehler in der Kirche, wir haben bereits davon gesprochen. Wo aber sind die häretischen Bischöfe? Wo die untreuen Konzilien oder Winkelsynoden? Es ist Raum genug für eine Nachahmung des Glaubens und Mutes des Athanasius. Aber es gibt keine Parallele der Situationen.

[74] Diese Unterredung ist der Inhalt des Dokumentes Nr. 23 in *J. Anzévui*, Das Drama von Ecône, 137–140.

[75] Vgl. Text in: *J.-A. Chalet*, Mgr. Lefebvre (Paris 1976) 223f.

[76] Dieses Schreiben wurde auf Anordnung Papst Pauls VI. Anfang Dezember 1976 veröffentlicht. Es konnte noch während der Drucklegung dieses Bandes als Dokument 8 hier (S. 117–133) aufgenommen werden.

[77] Zitiert nach *J. Anzévui*, Das Drama von Ecône, 90f.

[78] Ebd., 121.

[79] Zitiert nach Le Monde, 29./30. August 1976: „Ein letzter Appell des Vatikans an Erzbischof Lefebvre."

[80] Der vollständige Text findet sich bei *J. Anzévui*, Das Drama von Ecône, 146–152 (Dokument Nr. 27).

[81] Veröffentlicht in: Amtsblatt der Erzdiözese Freiburg vom 8. September 1976.

[82] Veröffentlicht in: Amtsblatt der Erzdiözese Freiburg vom 1. Oktober 1976.

[83] Der deutsche Text wird hier nach einer vom Pressedienst des Sekretariats der Deutschen Bischofskonferenz veröffentlichten Fassung abgedruckt. Die vorliegende Übersetzung wurde an einigen Stellen sprachlich überarbeitet. Zu den Motiven des Papstes für die Veröffentlichung dieses Briefes vgl. den Pressedienst des Sekretariats der Deutschen Bischofskonferenz, AKTUELL, Nr. 13, vom 2. Dezember 1976, S. 5f.